主编◎刘德海

人文社会科学通识文丛

关于 **西方典故** 100 Stories of
的100个故事 **Western Allusion**

刘思湘◎著

南京大学出版社

图书在版编目(CIP)数据

关于西方典故的 100 个故事 / 刘思湘著. — 南京 :
南京大学出版社,2019.8
(人文社会科学通识文丛 / 刘德海主编)
ISBN 978 - 7 - 305 - 07099 - 0

Ⅰ.①关… Ⅱ.①刘… Ⅲ.①典故－西方国家－通俗
读物 Ⅳ.①H033—49

中国版本图书馆 CIP 数据核字(2019)第 181066 号

出版发行　南京大学出版社
社　　址　南京市汉口路 22 号　　　　邮　编　210093
出版人　金鑫荣

丛 书 名　人文社会科学通识文丛
主　　编　刘德海
书　　名　**关于西方典故的 100 个故事**
著　　者　刘思湘
责任编辑　沈　洁　　　　　　　　编辑热线　025 - 83593962

照　　排　南京南琳图文制作有限公司
印　　刷　常州市武进第三印刷有限公司
开　　本　787×960　1/16　印张 15.25　字数 277 千
版　　次　2019 年 8 月第 1 版　2019 年 8 月第 1 次印刷
ISBN 978 - 7 - 305 - 07099 - 0
定　　价　38.00 元

网址：http://www.njupco.com
官方微博：http://weibo.com/njupco
官方微信号：njupress
销售咨询热线：(025) 83594756

江苏省哲学社会科学界联合会

《人文社会科学通识文丛》

解密典故——打造通往西方文化的金钥匙

典故一词，最早可溯及汉朝。《后汉书·东平宪王苍传》："亲屈至尊，降礼下臣，每赐宴见，辄兴席改容，中宫亲拜，事过典故。"

这里的典故，原指旧制、旧例，也是汉代掌管礼乐制度等史实者的官名，后来演变为关于历史人物、典章制度等的故事或传说，渐渐也就变成我们谈话或文章中常常会引用的"典故"了。

正如中国典故反映中华文化，西方典故也是认识西洋文化不可或缺的门路。不同文化背景的人，得以透过典故，一窥彼此的文化内涵及价值观。

西方典故的来源多样且丰富，本书约略整理成了五大类：

一、希腊罗马神话。

二、《圣经》故事。

三、民间传说。

四、文学作品。

五、历史故事。

希腊罗马神话是西方语言文化的重要源头，可说是最早的奇幻文学。其细腻生动的人物刻画，曲折瑰丽的故事情节，为人类的文化思想提供了丰富的创作元素。潘多拉的盒子、普罗米修斯的火炬、三位女神的金苹果之争……耳熟能详的故事，也成了后人撷取智慧的精华，变成世代流传的典故。

除了神话外，宗教也是西方典故的一大来源。由于历史跟政治的因素，在公元 4 世纪，基督教受到罗马皇帝康斯坦丁一世认可后，《圣经》便和西方文化产生了密不可分的关系。其中，《旧约》包括了创世纪神话、人类被逐出伊甸园、巴别塔、挪亚方舟等故事；而《新约》包括了施洗者约翰、荒野中的耶稣、十二个门徒的事迹等重要的文化典故。至今许多常见的英文名字,也都出自《圣经》里的人物,例如 David(大卫王)、Peter(门徒彼得)、Maria(圣母玛利亚)等,可见其影响之深远。《圣经》当然也是后人引经据典的最好素材。

民间故事跟文学作品当然也是典故的源头。生猛的乡野传说虽然带有幻想色彩,却也不失为一门古老的社会学。这些故事多半情节简单明了,人物形象深植人心,还带有些恐吓、警世的作用。《蓝胡子》里洗不掉的血迹,象征着不可饶恕的背叛;《鲁滨孙漂流记》里拓荒者的孤独;《哈姆雷特》里王子的纠结与复仇……当我们解开这些故事背后费解的层层隐喻和神秘的咒语,便得以直达其幽暗深邃的文化内心。

最后,历史的长河中,总有些人物会被记得,不管是流芳千古,还是遗臭万年,凡走过必留下痕迹。哲人柏拉图的精神恋爱,查理曼大帝和十二圣骑士的勇者精神,拿破仑滑铁卢惨败的英雄落寞,都成了活生生的历史教材,为后世所津津乐道。

一个好的故事胜过一百次空洞的说教。

无数的西方文化思想皆来自这些故事。本书用轻松易懂的方式,阐述这些典故背后的精神意义与文化符码。除了能为您打下深厚而扎实的知识和语言基础外,更能提升美感与文化诠释能力。

如果您在寻找一本用语不会太过于艰涩,又能将西方典故尽纳入胸中之书,不妨试试这本《关于西方典故的 100 个故事》,相信它不会让您失望。

自 序
以文化土壤，开出典故之花

有些朋友不喜欢阅读用典的文章，他们认为：引用典故却不加以解释，只会让读者如同雾里看花，丈二金刚摸不着头脑。但也许是自己的个性关系，我反而爱看用典丰富的文章。

典故让语言变得鲜活，用典精妙之处，文字浓缩而文意含蓄，使人们更容易沟通思想，以达到言简意深之效。

西方的文学长河中，累积了丰沛的口头流传和文字记载典故。每一个典故都蕴含着丰富的内涵和延伸意义。

比如，在西方的文学源头——古希腊罗马神话中有这样一个故事：

阿喀琉斯是凡人国王与海洋女神所生的儿子。半人半神的阿喀琉斯有着刀枪不入的身体，及强大的战争智慧。希腊联军在他的领导下，攻无不克，战无不胜。阿喀琉斯也被誉为"希腊第一勇士"。

但在一次战争中，有神力护体的阿喀琉斯，却仅仅因为被特洛伊王子帕里斯用箭射中脚踝，就命丧黄泉。原来是阿喀琉斯在出生时，其女神母亲便将他放入具保护作用的神水里浸泡，独独漏了脚踝，成为日后的弱点，才引发了这致命的悲剧。

而"阿喀琉斯之踵"后也被引申为"强者的隐忧"，更出现了"阿喀琉斯腱"这样的用词。

又例如有这样一则故事，类似于《圣经〈新约·马太福音〉》中的马太效应：

一位国王远行前，交给三个仆人每人一锭银子，吩咐他们："你们去做生意，等我回来时，再来见我。"国王回来时，第一个仆人说："陛下，你交给我的一锭银子，我已赚了十锭。"于是国王奖励了他十座城邑。第二个仆人报告说："陛下，你给我的一锭银子，我已赚了五锭。"于是国王便奖励了他五座城邑。第三个仆人报告说:"陛下,你给我的一锭银子,我一直包在手帕里保存着,我怕丢失,一直没有拿出来。"于是,国王命令将第三个仆人的那锭银子,赏给第一个仆人,并且说:"凡是少的,就连他所有的,也要夺过来。凡是多的,还要给他,叫他多多益善。"

而马太效应后也被引申为"强者愈强,弱者愈弱",更常被借用在经济学领域及股市现象中。

民间寓言也是西方典故的一大来源。

法国的《拉封丹寓言》里有这样一个故事:

一头布里丹的毛驴外出寻找食物,发现了两堆相距不远的草料,它啃了几口东边的草料,忽然又觉得西边的青草似乎比较鲜嫩;嚼了几口西边的青草,又觉得东边的好像比较可口。就这样,毛驴不停往返两堆草料之间,始终无法做出抉择,最终在无所适从中活活地饿死了。

而"布里丹的毛驴",后也被引申为"在各种选择面前反复权衡,犹豫不决,最后却永远错失了机会"的意思。

可见,每一个典故都蕴含着丰富的内涵和外延,但是如果只简单地将"阿喀琉斯之踵"等同于"强者的隐忧"、将"马太效应"等同于"强者愈强,弱者愈弱"、将"布里丹的毛驴"等同于"犹豫不决的恶果",意思虽然没有错,却很无趣。

只知道典故与其相对应的意思,却不深究背后的文化意涵,就如同有人要给你一颗多汁的苹果,却先帮你嚼碎了才给你,你会喜欢吗?干枯,而了无滋味。除了你自己,没有人能帮你领会典故的意义。

据此,基于典故狂人的精神,我为大家精选了近100则我最喜欢的西方典故,希望大家能从简单而精妙的故事中,一窥西方文化的精神内涵,让典故开花于文化的沃土,文化发扬于典故的国度。

目 录

第IV章 **缪斯的恩赐——来自文学作品的典故**

第V章 克莉奥的书卷——来自历史的典故

诸神的花园

——来自神话的典故

皮格马利翁效应
(Pygmalion Effect)
——心理暗示的力量

皮格马利翁是希腊神话里的人物，他长相俊美，同时拥有一项非凡的才艺——鬼斧神工般的雕刻技艺。他能够化腐朽为神奇，将平凡得不能再平凡的岩石雕刻成让世人惊叹的艺术品。因此，附近的人们很快便知道了这位拥有英俊外表的雕刻艺术家。

拥有艺术气质的俊男很容易获得少女的芳心，许多年轻的姑娘都向他敞开了心扉。虽然作为一个凡人，皮格马利翁也摆脱不了七情六欲，但是作为一个卓越的雕刻师，他却具有区别于凡人来看待事物的独特视角。这些在普通人眼里看来都如花似玉的姑娘们，在皮格马利翁看来都有瑕疵，而在与这些女性交往的过程中，他还看到了女性人格中一些令人厌烦的方面，导致他下决心要一辈子单身。

还有一种说法是，皮格马利翁是古希腊神话中塞浦路斯的国王，善于雕刻，在孤寂中用象牙雕刻了一座他理想中完美的女性像。

在现实中得不到满足的他，便用雕刻来弥补缺憾。皮格马利翁开始创造他心目中的完美女性。他选择玲珑剔透的象牙来体现少女的肌肤，运用他所思即所得的超凡雕刻技艺，一气呵成，没多久，一尊完美的女性躯体在他的手下渐渐展现。这是一尊完美至极的雕像，任何女人看到了都会自叹不如，连嫉妒的力气都没有。

皮格马利翁自此每天与他的雕像相伴，如痴如醉，时间长了，他渐渐不可自拔地爱上了这象牙雕就的女人。他开始用世上最美的东西来装扮她，给她所有他能给予的最好的东西。这些美妙的东西好像天生就应该附属于她，它们让她更加绽放光芒。皮格马利翁为雕像做得越多，就越发不能自拔，有一种想法越来越强烈地闪现在他的脑海里——这尊雕像应该拥有生命,因为她比拥有生命的人类更美丽。

　　转眼,一年一度的爱神生日庆典到来了。皮格马利翁作为贵宾,应邀参加了盛大的晚宴,他进入大殿,在美丽的爱神面前,敞开了自己的心扉。他首先请求爱神原谅他对爱情的回避,并解释了自己无法接受现实生活中女性的原因。同时,他也表达了自己对爱情的渴望,并向爱神婉转地请求,希望爱神赐予他像那个象牙雕像一样的女子,与他永结连理。

　　爱神对这位气质独特的青年产生了好奇。世界上还有这样的事情,究竟是什么样的雕像,才能让一个人不再迷恋鲜活的肉体?爱神决定亲自去看看他所描述的象牙少女。趁皮格马利翁不在的时候,爱神来到了他的工作室,撩开了象牙少女的神秘面纱。

　　那象牙少女的容颜令爱神惊呆了,因为,那张脸分明就是爱神的脸。皮格马利翁凭借他满心的爱恋,凭空就雕刻出了世界上最美丽的容颜。爱神恍然大悟,如果皮格马利翁心中有这样一位少女,他怎么还能容纳凡间的女子呢?爱神被这位少年的才华所折服,就满足了他的心愿,赐予了雕像生命。

　　还不知情的皮格马利翁回到家中,跟往常一样,第一时间来到恋人身边,静静地凝视着对方的双眼。突然,他觉得有点不对劲,那雕像好像在对自己微笑。从事雕刻多年的经验告诉他,雕像再怎么栩栩如生,也不可能出现这样的眼神。皮格马利翁揉了揉眼睛,却发现雕像依然温柔地看着她,他伸出手去,轻轻地触碰雕像的手,发现那双手有了不同于冰冷象牙的温度。

　　皮格马利翁感受到了从来没有过的幸福,他深情地爱抚着恋人。没错,她活了!这一奇迹只能由神来创造,皮格马利翁突然领悟,一定是自己的虔诚打动了爱神,爱神降下福祉,赐予他如此珍贵的礼物。

　　从此,皮格马利翁夫妇幸福恩爱,终身供奉爱神,而爱神也一直眷顾着这对恋人。

雕像有了生命,空中翱翔着爱神,在朦胧虚幻的环境中,人与神灵交织在了一起。

　　这个美丽的神话传说将现实与梦幻结合起来,为人们创造了一个充满遐想的瑰丽世界,直到今天,皮格马利翁雕像优美的形象和故事浓郁的诗意仍然长久地留存在人们的记忆中,成为文学艺术的永恒题材。

　　艺术家从自己热爱的艺术作品中获得幸福的幻想生活,这是艺术家共有的特性。皮格马利翁作为一位艺术家,对自己的作品所投入的专注、热烈的情感,最容易感染到其他的艺术家,乃至影响到更广的范围。这个故事传达的是心理暗示的力量——你相信什么,就能实现什么,你期待什么,就能获得什么。

美国心理学家罗伯特·罗森塔尔。

　　美国心理学家罗伯特·罗森塔尔等人在 1968 年做过一个著名实验:他们在某所小学随意从每班抽三名学生共十八人,将这些学生的名字写在一张表格上,交给校长,并对校长极为认真地说:"这十八名学生经过科学测定全都是智商型人才。"事过半年,他们又来到该校,发现这十八名学生的确超过一般,长进很大,再后来这十八人全都在不同的岗位上做出了非凡的成绩。这种现象在心理学上被称为"自我实现的预言效应""罗森塔尔效应",而罗森塔尔根据古希腊神话将之称为"皮格马利翁效应"。

　　皮格马利翁效应的理论告诉我们,只要充满正面的、自信的期待,就能够实现自己的梦想。尤其在教育学中,正面鼓励的效果更是显而易见的。

俄狄浦斯情结
（Oedipus Complex）
——恋母情结

  底比斯的国王拉伊俄斯和王后伊俄卡斯忒有了他们的第一个孩子，可是喜获麟儿的快乐并未持续太久，国王收到了神谕，他的新生儿将会杀死自己，并迎娶他的母亲做自己的王后。这可怕的预言令国王大为震惊，为了避免乱伦的悲惨未来，他刺穿了新生儿的脚踝，并命令一个牧羊人将孩子带到野外杀死。然而，牧羊人心存怜悯，不愿意杀死这个可怜的孩子，就将他送给了邻国科林斯的牧羊人，科林斯的牧羊人又将他献给了自己的国王——波吕波斯。没有孩子的波吕波斯隐瞒了弃儿的身世，将他当作自己亲生儿子抚养长大，并为他取名俄狄浦斯（意即肿胀的脚）。

  有一次在王国的宴会上，一个喝醉的人告诉俄狄浦斯，他并不是国王的亲生儿子。愤怒的俄狄浦斯便去德尔斐神殿里请求太阳神阿波罗的神谕，希望得知真相，但阿波罗并没有告诉他真相，只是说他将来会"弑父娶母"。为避免神谕成真，俄狄浦斯远远离开了科林斯，并发誓再也不回来，希望改变这天注定的残酷命运。

  离开家的俄狄浦斯开始了流浪的旅程，没多久，他流浪到了底比斯。

  在王国的三岔路口，他遇到了坐着马车的一行人，车上的人嫌弃这个流浪汉挡了他们的道路，态度粗暴地赶他到路边。气愤的俄狄浦斯和驾车人发生了冲突，失手将车上的人都杀了。而此时的俄狄浦斯并不知道，被他杀死的人当中，有一位是他的亲生父亲拉伊俄斯。

  俄狄浦斯继续往底比斯前进。此时，底比斯正被人面狮身兽斯芬克斯围困，经过的人们都必须回答出她的谜题，答错的人将会被她吞食。这个谜语是："什么动物早晨用四条腿走路，中午用两条腿走路，晚上用三条腿走路？"底比斯人宣布，只要谁能解答这个谜题，就能成为他们的国王，并娶国王的遗孀伊俄卡斯忒为妻。俄狄浦斯猜出了谜题的答案，成了底比斯新的国王、伊俄卡斯忒的丈夫，并和她生下了四个子女。

  不久之后，俄狄浦斯统治下的底比斯灾祸连连，麦田枯萎，耕牛病死，火灾与瘟

失明的俄狄浦斯和女儿安提戈涅离开底比斯。

疫不断降临,无数的百姓因此死去。为了挽救人民,俄狄浦斯再次来到阿波罗神庙请求神谕,却得知,只有找到杀死前国王拉伊俄斯的凶手,才能解除底比斯的灾厄。

俄狄浦斯开始寻找凶手。神的指引和当年牧羊人的回忆,渐渐将线索指向了同一个地方,抽丝剥茧的结果,俄狄浦斯发现了一个令他震惊的事实:那个杀死前国王的人正是他自己,而前国王,也正是自己的亲生父亲,自己的妻子也正是自己的亲生母亲。

精神分析学派创始人弗洛伊德。

俄狄浦斯极力逃避的神谕依旧残酷地应验了,他成了弑父娶母、为神与人都不能容忍的乱伦者。于是,他刺瞎了自己的双眼,将自己放逐,去忍受了漫漫长夜的无尽痛苦。

1913年,弗洛伊德出版了《图腾与禁忌》一书,在书中,他提出了一个著名的观念——恋母情结。恋母情结是心理学中一个极为重要的研究成果,而弗洛伊德还给了它一个同样众所周知的名字——俄狄浦斯情结(Oedipus Complex)。这位神话故事中聪明勇敢的国王,却因为他悲剧的命运,成了恋母情结的代名词。

斯芬克斯之谜
（Sphinx）
——诱惑与恐怖

斯芬克斯是一个狮身人面的怪兽，她有着人的面孔，狮子的身体，还长着鹰的翅膀。天后赫拉派斯芬克斯来到底比斯城外的悬崖边，把守着底比斯城的必经之路，凡是路过的人，都必须回答她的一个问题。

斯芬克斯的问题是同一个谜语，这谜语问的是："什么样的动物，早上用四条腿走路，中午用两条腿走路，晚上则用三条腿走路？"如果回答不出来，斯芬克斯会毫不留情地将行人一口吃掉。

无数的行人就这样被拦在了底比斯城外的必经之路上，因为回答错误，成了斯芬克斯的腹中餐。许多智者想要挽救人们的性命，但都因为回答错误，反而白白葬送了自己的性命。

斯芬克斯，已经成了令底比斯人闻之色变的怪物。

这天，一个叫作俄狄浦斯的年轻人来到了底比斯城外。斯芬克斯照样问了他同样的问题："什么样的动物，早上用四条腿走路，中午用两条腿走路，晚上则用三条腿走路？"俄狄浦斯思考了一会儿之后，微笑着回答："人！"

斯芬克斯的脸瞬间变了。

俄狄浦斯继续解释说："人在婴儿时期是四肢着地爬行的，所以是四条腿走路；成年后就是两条腿走路了；到老了的时候，年老力衰，需要倚靠拐杖，所以是三条腿走路。"

这幅《俄狄浦斯和斯芬克斯》是法国画家古斯塔夫－莫罗（Gustave Moreau）早期的代表作。

看着斯芬克斯意外的表情,俄狄浦斯知道自己答对了。"我猜对了,是不是?现在,我可以过去了吧?"斯芬克斯不能接受自己的谜语被人轻易猜出,于是她大叫一声,转身从悬崖上跳了下去,死了。

斯芬克斯的形象最早源于古埃及神话,是一种长着翅膀的雄性怪物。当时传说有三种斯芬克斯——人面狮身的 Androsphinx,羊头狮身的 Criosphinx 和鹰头狮身的 Hieracosphinx。后来,斯芬克斯的形象传到了古希腊,渐渐演变成一个雌性的邪恶之物,在希腊神话里,代表着神的惩罚。

斯芬克斯之谜,在更深层次的表现是恐惧和诱惑:对斯芬克斯本人的恐惧,以及对猜错谜语所遭受惩罚的恐惧;而诱惑,则是指完成谜语之后所能获得的奖励。这种恐惧和诱惑,代表的正是现实生活,正如斯芬克斯之谜的谜底就是"人"一样,它是与人类社会息息相关的,人正是一种在理性上保持警惕与恐惧,却又在情感上很难拒绝诱惑的生物。

这,就是斯芬克斯之谜给我们的深层次启示。

阿耳戈斯
（Argus）
——警惕的卫士

特萨尼亚有一个山谷，四面的山都很陡峭，长满了树木。柏纽斯河从山脚下流过，倾泻成一片瀑布，这里就是河神的家。

河神伊索普斯和它的女儿伊琴娜就住在这里。

一天，宙斯从天上往下看，看见了美丽的伊琴娜，便对伊琴娜说："姑娘，你配得上最美好的爱情，谁要做了你的丈夫，可真幸福！"他指着林荫深处，"来吧！到树林深处有阴凉的地方歇歇，不用怕会遇见野兽，有神保护你，即使到了树林深处也是安全的。我并非普通的神，我掌握着统治天堂的权力。"可是，伊琴娜并不想成为宙斯的恋人，她向前飞奔，想要逃离宙斯的掌控。

宙斯立刻布下了一大片厚厚的乌云，遮住了整个大地，将逃走的伊琴娜捉住。就在这时，天后赫拉正好向下界张望，却发现乌云密布，白日都变成了黑夜，她知道是自己的丈夫又打起了诱骗少女的主意。思及此，赫拉立刻下令乌云都散开，来到大地上寻找自己的丈夫宙斯。

此时，宙斯已经知道了赫拉的到来，他将伊琴娜变成了一头白色母牛。到来的赫拉看到这头白牛，知道是宙斯新看上的少女，却故意装作不知，赞美这牛的美丽，要求宙斯将牛送给她。

宙斯变成一团云雾从天而降，悄悄地拥抱伊琴娜。

宙斯万分不甘，但心知如果不答应赫拉的要求，赫拉立刻会知道这并不仅仅是一头母牛，只得将牛交给了赫拉。得到牛的赫拉还不放心，将牛交给了阿瑞斯托的儿子阿耳戈斯去看守。

阿耳戈斯是个长着一百只眼睛的巨人，就算睡觉的时候，他的眼睛也不会全部

阿耳戈斯死后，天后赫拉将他的眼睛取下来，安在了孔雀的尾巴上。

闭上，总有眼睛是睁开的，看守着伊琴娜。阿耳戈斯如此地警惕，伊琴娜找不到任何机会逃走，只能一直以牛的面貌，被阿耳戈斯关在山洞里。

　　宙斯心中愧疚，不忍再让伊琴娜受苦，他找来赫尔墨斯，命令赫尔墨斯想办法杀死阿耳戈斯，救出伊琴娜。

　　赫尔墨斯打扮成一个牧人，一边走一边吹着芦笙，来到了阿耳戈斯的面前。阿耳戈斯从来没见过可以吹出音乐的芦笙，完全被吸引过去了。动听的音乐让阿耳戈斯越来越放松，渐渐陷入了沉睡。他的眼睛也一只一只地闭了起来。等它完全睡着了以后，赫尔墨斯用弯刀砍下了他的头颅，那一百只眼睛都浸没在了同一的黑暗之中，眼睛里的光芒都消失了。

　　就这样，伊琴娜又变回了少女的模样。

　　阿耳戈斯(Argus)，神话中的百眼巨人，他名字的意思就是明亮的，又因为他永不闭上的眼睛，所以他也被称为"潘诺普忒斯"（总是在看着的）。阿耳戈斯总是睁着他的一百只眼睛，随时随地地观察着周围的动静，忠实地守卫着，所以他也就成了"警惕的卫士"的代名词。

西西弗斯
（Sisyphus）
——永无止境

在希腊神话中，西西弗斯是人间足智多谋的人，他是风华之王艾奥罗斯的儿子，也是科林斯城的建造者和国王。

一天，宙斯看中了河神伊索普斯的女儿伊琴娜，将她掳走，并偷偷藏了起来。河神到处寻找他的女儿，一直找到了科林斯。西西弗斯知道是宙斯抢走了河神的女儿，但他不愿意受到天神的惩罚，不敢向河神透露消息。河神伊索普斯责怪西西弗斯不告诉自己真相，大发雷霆。于是，西西弗斯向河神要求，如果河神能赐给科林斯城一条永不断流的河流，自己就告诉他伊琴娜的下落。河神答应了西西弗斯的要求，也从西西弗斯那里知道了女儿的下落。

宙斯知道是西西弗斯透露了伊琴娜的下落，破坏了自己的好事，非常生气，命令死神去将西西弗斯带往地狱。西西弗斯预感到了死神的来临，就设计让死神戴上手铐，再也不能带着他回到冥界。死神被绑架，人间长久都没有人死去，这令宙斯大为震怒，他派人解救了死神，并命令死神再次将西西弗斯带往冥界。

在去冥界之前，西西弗斯嘱咐自己的妻子墨洛珀，让她在自己死后不要埋葬自己，而且还要把自己的尸体扔在广场的中央。到了冥界，西西弗斯对冥后帕尔塞福涅说，自己的尸体始终没有被埋葬，没有被埋葬的人是没有资格待在冥界的，他请求冥后给自己三天时间，

在西方语境中，形容词"西西弗斯式的"（sisyphean）代表"永无尽头而又徒劳无功的任务"。

让自己回到世间惩罚自己的妻子,处理自己的后事。

冥后答应了西西弗斯的请求。

回到人世间的西西弗斯看到那美丽的大地,感受到水和阳光的抚触,再也不愿意回到黑暗冷清的地狱,就在人世间逗留了下来。他的背信让冥王非常生气,但死神无法再次带走一个已经死去的人。宙斯得知西西弗斯再次逃脱了惩罚,派赫尔墨斯将西西弗斯重新带回地狱,并命令冥王给他残酷的惩罚。

西西弗斯获得的惩罚是:将一块沉重的大石头推到陡峭的山顶上。但是,每当他弯着腰,用尽全力推动这块大圆石向上滚动、快要到山顶的时候,巨石总会滚落下来,又停在山脚。可怜的西西弗斯只能又从山顶上下来,重新用力推起巨大的石头,重复这单调乏味的劳动。

西西弗斯累得气喘吁吁,泪如雨下,满头满脸泥污,他的日子就在这日复一日的单调劳作中慢慢耗尽。

这永无止境的、不断循环的工作,就是宙斯给他最大的惩罚。

但丁在地狱的第四层里见到了无数贪婪的教皇、主教和教士,贪婪者和吝啬者们推着巨大的石头前进,当他们相遇,便会互相辱骂,然后重新推着石头原路返回,不断重复着这样的日子。而同时,但丁也遇见了一个本不应该在这里的人——被宙斯惩罚的西西弗斯。西西弗斯所得到的惩罚就是这单调重复的工作,不断地推动石头,但每次刚刚接近成功,又注定失败,一切都必须重新来过。这简直就是一种孤独而绝望的历程,没有终点,无法结束,甚至连丝毫的成就都没有,一切都是在做无用功,这对任何人来说,都是令人崩溃的考验。

缪斯
（Muses）
——艺术的代名词

　　从前，珀拉城的王叫作珀洛斯，他和妻子欧伊珀有九个女儿。因为这九个女儿都是难产生下的，所以王对她们非常娇宠。九姐妹又自以为九是个大数，变得更加骄傲起来。

　　九姐妹游遍了海默尼亚和阿开亚的许多城市，最后来到了赫利孔山——九位文艺女神居住的地方。

　　九姐妹自不量力，要向九位文艺女神挑战歌唱，她们说："你们不要再欺骗那些愚昧无知的人了，你们哪里会唱什么歌呢？你们这些忒斯庇埃的女神，敢来和我们比赛吗？不论声音或技术，我们都不会输给你们，我们的人数也和你们相等。如果你们输了，就把墨杜萨的泉水和玻俄提亚的阿伽尼珀泉都让出来给我们；我们若输了，愿把从厄玛提亚一直到派俄尼亚雪山的一片平原让给你们。我们请女仙们来做裁判。"

　　文艺女神们不想任凭她们嚣张，便答应了她们的要求。她们找来了女仙们做裁判，女仙们指着自己的溪流宣誓，在天然的石凳上坐定，等着她们开始比赛。

　　挑战的人先开始，九姐妹之一唱的是天神和巨人之间的战斗。但是，她给了巨人许多不应得的荣誉，而贬低了伟大天神们的事迹，她说天神们被巨人堤福俄斯吓得纷纷变回了原形。宙斯把自己变成了领队的雄绵羊，因此直到今天在利比亚他的显相还是双角弯弯的绵羊；太阳神阿波罗吓得变成了一只乌鸦；酒神巴克科斯变成山羊；爱神阿芙洛狄忒变成了一条鱼。她一边用竖琴伴奏，一边这样唱着，向文艺女神们挑战。

　　文艺女神们推选了卡利俄珀来唱，她用藤叶束住披散的头发，站起来，用手弹着琴弦，唱了一首给女神刻瑞斯的颂歌。爱神阿芙洛狄忒让自己的儿子厄洛斯，将宙斯和刻瑞斯之女普罗塞庇娜和她的叔叔、宙斯的弟弟、地府之神哈迪斯，用爱情结合起来。哈迪斯对普罗塞庇娜一见钟情，将她强行带回了地府。女神刻瑞斯走遍天涯海角，寻找自己的女儿，直到她来到了西西里的库阿涅湖，在湖面上发现了

天神和巨人之战，最终宙斯赢得了胜利。

普罗塞庇娜的腰带。湖上的女仙阿瑞图萨告诉她，普罗塞庇娜已经成为地府的王后。刻瑞斯去请求宙斯救回自己的女儿，可宙斯告诉她，普罗塞庇娜如果要回到天上来，必须在地府中没有尝任何食物才行。可是，此时的普罗塞庇娜已经在地府中吃了七粒石榴籽，无法归来。

缪斯女神是历代艺术家尤其是诗人所崇拜的偶像。法国画家絮尔在这幅画中描绘了三位缪斯女神：一个拿书，指记忆；一个倾听，指沉思；还有一个拉琴，指歌唱。

为了安慰伤心的刻瑞斯，宙斯便将一年分为两半，让普罗塞庇娜半年和母亲过，半年和丈夫在一起。刻瑞斯母女团圆，终于露出了笑容。

卡利俄珀的歌唱完，女仙们一致认为赫利孔山的文艺女神胜利了。输了的九姐妹谩骂起来，文艺女神回答说："你们挑战失败，竟还要谩骂，我们的耐性也是有底线的，我们决定要惩罚你们！"那九姐妹还是嘲讽不断，并且讥笑女神们的警告。可是，当她们要开口说话并且大声傲慢地挥舞双手的时候，只见她们的手指上长出了羽毛，臂上长出了翅膀，嘴渐渐变硬，变成了鸟嘴。

从此，树林里多了一种新鸟——喜鹊。它们唧唧呱呱，在树林里人人厌恶。尽管变了鸟形，她们当初爱说话的本领，那种嘶哑的聒噪，那种口若悬河的兴致，依然未改。

阿波罗和缪斯女神们在一起。

九位文艺女神是宙斯和泰坦之一的记忆女神谟涅摩叙涅所生育的九个的女儿，一般认为她们是卡利俄珀、克利俄、欧忒耳珀、忒耳西科瑞、埃拉托、墨尔波墨涅、塔利亚、波吕许谟尼亚、乌剌尼亚这九位。九位女神分别掌管英雄史诗、历史、抒情诗与音乐、合唱与舞蹈、爱情诗与独唱、悲剧与哀歌、喜剧与牧歌、颂歌与修辞学及几何学、天文学与占星学这些艺术与科学的门类。

在希腊神话中，这九位文艺女神也被合称为缪斯。人们相信，缪斯就代表着艺术家们的创作灵感，在某一段时间，缪斯还曾经被当作诗人的代名词。因此，后人在提到进行艺术创作寻找灵感时，往往会用"缪斯女神的降临"之类的形容。

普罗米修斯
（Prometheus）
——解放与希望的象征

　　2012年，《异形》的前传上映，故事讲述了异形的来源，而人类在外星探索的过程中，发现地球上的人类其实是被带来了异形的某种外星生物制造出来的生命体。这部讲述异形起源的电影作品，却选择了一个和异形系列完全没有关系的标题——《普罗米修斯》。之所以用了这个名字，是因为普罗米修斯这位古希腊的神祇，正是神话传说中人类的创造者、点亮人类生命之火的先知。

　　普罗米修斯是泰坦的后代，他的母亲是名望女神克吕墨涅，他的父亲是死亡之神伊阿佩托斯，他是希腊神话中最具智慧的神祇之一，从出生就拥有了先知（普罗米修斯Prometheus，意即先知）的名号。

　　在那个远古的时代，神掌管的世界多彩多姿，各种动物愉快地生活在天地之间，却没有一个拥有灵魂的高级生物。

　　普罗米修斯觉得这个世界太过寂寞，就捧起能够孕育生命的泥土，按照天神的模样捏成人形，并将狮子的勇猛、狗的忠诚和聪明、马的勤劳、鹰的远见、熊的强壮、鸽子的温顺、狐狸的狡猾、兔子的胆怯和狼的贪婪，糅合在一起，放进了泥人的胸

普罗米修斯用泥土造人。

腔,给了这些泥人一半的灵魂。智慧女神雅典娜惊叹于他创造出的这些美妙的生物,就向泥人们吹了一口气,赐予了泥人另一半的灵魂与智慧。自此,人类诞生于世,成为大千世界一个全新的物种。

普罗米修斯给予了人类最大的帮助。刚刚诞生的人类与动物毫无区别,他们虽有灵魂,却不懂得如何利用身边的一切。"他们先前视而不见,听而不闻,好像梦中的形影,一生做事七颠八倒。他们不知道建筑向阳的砖屋,不知道用木材盖屋顶,而是像一群小蚂蚁,住在地底下不见阳光的洞里。他们不知道凭可靠的征象来认识冬日、开花的春季和结果的夏天,做事全没个准则。后来,我才教他们观察那不易辨认的星象的升沉。我为他们发明了数学、科学,还创造了字母的组合来记载一切事情,那是工艺的主妇,文艺的母亲。我最先把野兽架在轭下,给它们搭上护肩和驼鞍,使它们替凡人担任最粗重的劳动;我更把马儿驾在车前,使它们服从缰绳,成为富贵豪华的排场。那为水手们制造有麻布翅膀的车来航海的,也正是我,不是别的神。"普罗米修斯以他最大的耐心,教会了人类种植、文字和计算,他告诉人类如何治疗疾病,如何观察星象,如何使用工具。在这位先知的无私帮助下,人类迅速成长,并成为万物的主人。

人类的壮大引起了宙斯的注意,他要求人类以自己为主宰,向天神献祭。可是普罗米修斯并不愿意自己的孩子辛苦获得的收成将有大半奉献给无所事事的天神,他决意用自己的智慧来蒙蔽宙斯。普罗米修斯将献祭的公牛分成两堆,小的那堆放上肉、内脏和脂肪,大的那堆则是用牛皮遮盖的牛骨头,他要求宙斯选择自己喜欢的一堆,而那将成为人类今后献祭的贡品。被蒙骗的宙斯选择了大的那一堆,却发现那只是毫无用处的牛骨。

愤怒的宙斯决定报复普罗米修斯,他拒绝向人类提供必需的一种东西:火。为了帮助人类,普罗米修斯找来了茴香秆,在太阳车燃烧的车轮中取得了火种,将它偷偷带到了人间。人类很快将火种传遍大地,等宙斯知道消息时,光明的火种已经遍布了整个世界,他已经无法将火种从人类手中夺走了。

无计可施的宙斯决意向普罗米修斯报复。他命人将普罗米修斯绑在荒凉的高加索山的岩石上。寒风凛冽的峡谷边上,人迹罕至,普罗米修斯听不见人声也看不见人影,太阳的闪烁火焰炙烤着他的皮肤,使他的皮肤失去了颜色,只有在满天星斗遮住阳光的夜晚,或太阳出来化去晨霜的时候,他才能得到一丝的喘息。忍受着这非人的折磨,普罗米修斯却从未屈服。普罗米修斯向宙斯呼喊:"让他扔出燃烧的电火,让他用白羽似的雪片和地下响出的雷霆使宇宙紊乱吧!可是这一切都不能迫使我屈服。"无法令普罗米修斯臣服的宙斯招来了一只恶鹰,命它每日啄食普罗米修斯的肝脏,肝脏被吃掉后,很快又恢复原状。这种痛苦的折磨将一直持续,直到将来有人自愿为他献身为止。

普罗米修斯为了人类的幸福,时刻忍受着难以描述
的痛苦和折磨。

日复一日的痛苦一直持续,直到有一天,希腊英雄赫拉克勒斯来到了高加索的山岩上,他看到恶鹰正在啄食可怜的普罗米修斯的肝脏,便取出弓箭,把那只残忍的恶鹰射死,松开锁链,解放了普罗米修斯。

普罗米修斯是人类社会解放与抗争的象征,他不畏宙斯的强权,将天火盗给人类,就是牺牲了自己的自由和幸福,也从不后悔,他是理性、智慧、聪明的象征,他反抗上位者的暴政,并不惜为之牺牲性命。

从雪莱《解放了的普罗米修斯》到歌德的诗歌《普罗米修斯》,普罗米修斯作为追求自由与解放的伟大抗争者形象,永远代表着坚强不屈的自由灵魂。

潘多拉的盒子
（Pandora's Box）
——绝望与希望并存的未知

在众神的远古时代，普罗米修斯因为觉得世界太过寂寞，便创造了人类，并教会了人类耕种、渔猎。当时的人类无忧无虑地生活在人间，没有疾病、没有战争、没有恐惧也没有痛苦，享受着大自然馈赠的一切。

然而，人类的自由与繁衍惹怒了天神宙斯，他不愿意让反抗自己的普罗米修斯所创造的人类成为大地的主宰，于是他决定向人类报复。宙斯让火神赫菲斯托斯依照美丽女神的形象，用泥土捏出了一个女人，他命令爱与美的美神阿芙洛狄忒赐予了这个女人令男人着迷的美貌和魅力，让智慧女神雅典娜教她织出各色美丽的绸缎，将她打扮得鲜艳迷人。最后，他又命令自己的儿子，欺骗之术的创造者，小偷的守护者赫尔墨斯，将狡诈、欺骗的个性，以及谎言的天赋，放入了这个女人的心中。只是，智慧女神雅典娜拒绝赐予这个女人智慧。当这个女人被塑造完成时，宙斯赐给了她一个名字——潘多拉（Pandora），在希腊语中，这是"拥有一切天赋"的意思，因为她具有众神所赐给她的各种特征。

接着，宙斯将潘多拉送给了普罗米修斯的弟弟埃庇米修斯，埃庇米修斯很快被这个动人的女子迷住了，他忘掉了哥哥告诫他不能接受宙斯礼物的忠告，执意要和潘多拉结为夫妻。

在婚礼上，宙斯特意送给了潘多拉一个盒子，并告诉潘多拉，绝对不能打开这个盒子。

宙斯的告诫反而令潘多拉对这个盒子充满了好奇。她看着这个看似普通的盒子，渴望知道盒子里究竟藏着什么样的珍宝。她压抑不住越来越旺盛的好奇心，那盒子仿佛在冥冥之中召唤着她，不断地向她低语：打开我吧！打开我吧！

打开魔盒的潘多拉。

终于，潘多拉再也忍受不了自己日渐滋生的好奇，她瞒着埃庇米修斯，偷偷打开了盒子。盒子打开的那一瞬间，一股浓烈的黑烟弥漫了出来，无数样貌可憎的小虫子飞了出来。潘多拉赶紧关上盒子，并试图将这些小虫子捉回来，但她一碰到那些小虫子，皮肤就会红肿疼痛，令她不得不放开这些小虫子。

小虫子的数量太多了，它们飞快地穿过窗户，四散飞去，很快就消失了。

疼痛与害怕让潘多拉趴在桌子上哭泣起来，她知道，自己一定将非常可怕的东西放出去了。她还不知道的是，这些小虫子正是贪婪、杀戮、恐惧、痛苦、疾病和欲望，它们原本都是人间所没有的东西，但现在，它们将散播到人间的每一个地方，发动战争、引起瘟疫，将原本美好的人间变成罪恶的焦土。

就在这时，盒子里响起了一个轻柔的声音："放我出来吧！"

"你是谁？"潘多拉停止了哭泣，惊讶地问道。

"放我出来，我会救赎你的罪过。"盒子里的声音回答她。

潘多拉犹豫了一下，终于，她还是打开了盒子。

一个有着透明翅膀的小精灵飞了出来，它金色的头发像阳光一般灿烂，它的微笑像蜜糖一样甜。它轻轻地碰了碰潘多拉被小虫子弄伤的地方，那些红肿和疼痛立刻就消失了。

"我叫作希望。"小精灵告诉潘多拉，"智慧女神雅典娜把我藏在盒子里。"

"之前你放出去的小虫子，是贪婪、杀戮、恐惧、痛苦、疾病和欲望，它们将给人类带来各种灾难，但不必害怕，还有我在，只要有恐惧痛苦的地方，就会有希望出现。"说完，小精灵也消失了，它飞向了大地，给整个大地上不幸的人们带去希望。

潘多拉的盒子里放出了灾难和疾病，于是，人们就以"潘多拉魔盒"来比喻会带来不幸的礼物。列斯科夫在他的《笑和愁》中就曾这样写道："要是整营整营、整团整团的队伍按照包围的一切规则一下子向你们扑来，装着各种灾难的潘多拉的匣子向你们打开，这样你们想骂走一切，已经办不到了。"

但有一点别忘记，那就是神还在盒子的最深处放了一样东西——希望。所以，人类就算会遭逢不幸，在挫折面前颓丧，在不幸面前低头，还是会有勇敢的人能够重新站起来，怀抱着希望上路，去寻找属于自己的新的明天。

整个人类社会，能够繁衍生息，能够发展壮大，所依靠的都是这两个字——希望。虽然绝望在左，但总有希望在右，陪伴着我们前行。

丰饶之角
（Horn of Plenty）
——富裕丰饶的象征

众神之王宙斯是泰坦巨人、第二代神王克洛诺斯和众神之母瑞亚的孩子。他的父亲克洛诺斯是时空的创造与破坏之王,吞噬一切的时间。

克洛诺斯登上"众神之王"的宝座后,把泰坦神们囚禁在地下最黑暗的洞穴——塔耳塔洛斯地狱,只把时光女神瑞亚留在了身边,并娶她为妻。

起初,夫妻二人生活得非常幸福,但在瑞亚生了孩子之后,这一切都改变了。原来,在克洛诺斯杀死父亲乌拉诺斯的那一刻,曾经受到了父亲恶毒的诅咒,预言他将来也会死在自己儿子的手中。

父亲临死前的诅咒始终在克洛诺斯耳边回响,让他日夜不宁。克洛诺斯害怕这个预言会变成现实,不得不做出了一个残忍的决定:把生下来的孩子全部吃掉!

就这样,瑞亚生下的很多子女一出生就被克洛诺斯吃掉了。

当瑞亚生下宙斯之后,她决心保护自己的这个孩子,她用布裹着一块石头,代替了宙斯。然后她将石头拿到克洛诺斯之前,谎称这是刚生下的宙斯,让克洛诺斯吞下。随后瑞亚将宙斯送到了克里特岛的一个洞穴里,托付仙女阿玛尔忒亚照顾他。

善良的阿玛尔忒亚为了照顾宙斯,便养了一只母山羊,用母山羊的乳汁喂养年幼的宙斯。在她的精心照料下,宙斯健康地长大了。一天,宙斯在和母山羊玩耍的时候,不小心推倒了母山羊,母山羊在地上摔断了一只美丽的羊角。阿玛尔忒亚赶紧过来为山羊治伤,然后捡起了那只山羊角,在羊角中装满了鲜花和水果,送给了宙斯。

宙斯长大成人后,在母亲瑞亚的口中了解了自己的身世,决心推翻父亲克洛诺

克洛诺斯食子。

喝羊奶长大的宙斯。

斯的残暴统治。不久,宙斯娶了智慧女神墨提斯。这位拥有无比智慧和预知能力的女泰坦,为宙斯配制了一小瓶具有催眠和催吐作用的药水,并教他击败克洛诺斯的计谋。

瑞亚原本就对丈夫克洛诺斯非常痛恨,听说宙斯要复仇,便决定要全力支持儿子。

克洛诺斯嗜好饮酒,因此身边有一个专为其倒酒的小仆人。瑞亚借口这个小仆人笨手笨脚,建议克洛诺斯换一个,并将宙斯推荐给了他。宙斯长得英俊雄壮且聪明伶俐,很快博得克洛诺斯的欢心和信任。终于有一天,宙斯在父亲酒醉的时候诱骗他喝下了墨提斯配制的药水。在药力的作用下,克洛诺斯不停地呕吐起来,以前被他吞下的孩子都被吐了出来,首先是波塞冬,然后是哈迪斯、赫拉、德墨忒尔和赫斯提亚,宙斯终于和自己的兄弟姐妹团聚了。

兄弟姐妹们一出来,就和宙斯联合起来反抗自己的父亲,这是一场新神和老神之间的战争,双方打斗得天昏地暗,僵持了十年之久未分胜负。众神把大海搅得波涛汹涌,使大地变得摇摆不定,让天空响起一阵阵的哀鸣……这场可怕的战争差点毁灭了整个宇宙。

后来,宙斯听从了堂叔普罗米修斯的建议,将被囚禁在地下的独眼巨人和百手神族放了出来。为了答谢宙斯,独眼巨人为新神们打造了一批最锋利的武器。宙斯得到了世间最可怕的武器——霹雳,宙斯的哥哥波塞冬得到了一支三叉神戟,他的另一个哥哥哈迪斯得到了一顶隐形头盔……而性情暴躁的百手巨人则直接加入了战团,向自己的兄弟克洛诺斯复仇。

宙斯率领大军,浩浩荡荡向奥林匹斯山开进。

双方刚一交战,克洛诺斯的军队就节节败退。百手巨人抛出的巨石铺天盖地般砸来,宙斯也在空中投出闪电和巨雷。一时间地动山摇、电闪雷鸣,海水翻滚不息,森林也燃起了熊熊烈火,整个世界都为之颤抖。

最后,众叛亲离的克洛诺斯走投无路,只好束手就擒。宙斯以其人之道还治其人之身,将自己的父亲克洛诺斯打入了塔耳塔洛斯地狱。

在鲁本斯的名画《密涅瓦捍卫和平》中,半人半羊的畜牧之神法翁手里拿的
就是能源源不断生出食物的丰饶之角,寓意和平带来的丰足。

战胜之后,宙斯继承了父亲的王位,成为众神之王。他将阿玛尔忒亚和那只羊角都带到了天上,赐予了那羊角神奇的魔力,并将它赐给了阿玛尔忒亚。拥有那羊角的人,想什么羊角内就会出现什么。

从此之后,那只羊角就被称为"丰饶之角",因为它能产出各种美味的食物和无穷的财富。

那只有魔力的羊角就被称为"丰饶之角",当丰饶之角被吹响,就会产出各种美味的食物和无穷的财富。拥有丰饶之角,就代表着拥有了取之不尽、用之不竭的财富,于是,它成了富饶丰裕的象征。

后来,丰饶之角出现在很多雕像与绘画作品之中,比如贾姆巴蒂斯塔的一系列神话主题壁画《海神向威尼斯献礼》中,丰饶之角就是一个装满钱币的羊角。

在玫瑰花底下
（Under the Rose）
——秘密

阿芙洛狄忒是从大海的泡沫中出生的爱与美之女神，她拥有无与伦比的美貌，从奥林匹斯山上的众神到大地上的凡人，无不为她倾倒。

《维纳斯的诞生》，波提切利作。（阿芙洛狄忒，罗马神话中称维纳斯）

在希腊神话中，她嫁给了工匠之神赫菲斯托斯，但是，她并非贞洁的女神，而是与许多人有染。她曾与赫耳墨斯生子，与人类英雄安喀塞斯生下了埃涅阿斯，还与战神阿瑞斯私通，前后总共生下了五个子女。其中，她最疼爱的孩子——小爱神厄洛斯，就是与阿瑞斯私通后生下的孩子。

小爱神厄洛斯是个背上长着双翼的小男孩，他携带着弓箭在天空中遨游，对着地上的男女射出自己的金箭，中箭的人心中就会产生爱情。厄洛斯常常在人间流连，听到了许多关于她母亲的风流韵事，还发现许多艺术家，都以他母亲的爱情故事为题，创作了不少的文艺作品。为了维护母亲的声誉，厄洛斯便找到了沉默之神哈尔波克拉特斯,送给了他一束玫瑰花,希望他发挥沉默的力量,让阿芙洛狄忒的爱情故事不会再在人间传播。

沉默之神哈尔波克拉特斯这一形象来自古埃及的儿童神荷鲁斯。荷鲁斯原本代表着新生的太阳,但他同时也被描绘成一个将手指放在嘴唇上,不会说话的孩子。这原本是象形文字"儿童"的意思,却被后来的希腊和罗马诗人误以为代表着"沉默"的含意,就将他描绘成了"沉默之神"。

丘比特与维纳斯。(厄洛斯,罗马神话中称丘比特)

在传说中,哈尔波克拉特斯接受了厄洛斯的玫瑰花,答应了小爱神的请求,从此缄默不语,让爱神阿芙洛狄忒的爱情故事,再也不会被传扬于世。

而玫瑰花也就作为秘密的象征,被古罗马人作为风俗保留了下来。

超现实主义名画《沉默的玫瑰》。

由于这个故事,玫瑰成了秘密的象征。罗马人去别人家里做客,如果主人家的桌子上摆放着玫瑰,就表示这桌上所谈论的一切都不应外传。当时的会议桌上方,多半会悬置玫瑰或在桌上绘玫瑰图案,表示此次对话为私下谈话,不能公开。后来,随着罗马帝国的兴盛,这个习俗随之传播到了欧洲各国,并成为西方人约定俗成的共识。在教堂的忏悔室中,都会刻上玫瑰,代表秘密。像神秘的共济会,就是以玫瑰作为标志的,借用的也正是秘密的含意。画家达利有一幅著名的画作,就叫《沉默的玫瑰》。

玫瑰的这一特定含意,产生了 sub rosa 这个拉丁成语,后来它渐渐演变成了英语 under the rose(在玫瑰花底下),这个词因此成了一个特定的短语,表示秘密的、私密的含意,西方有俗语如是说:"凡我们谈情说爱,全都留在玫瑰花下。"

翠鸟
（Halcyon）
——幸福

大洋仙女普勒俄涅与大力神阿特拉斯相爱，生下了七个女儿，被称为普勒阿得斯。这七位仙女分别为：玛亚（母亲）、厄勒克特拉（琥珀）、刻莱诺（昏暗）、阿尔库俄涅（翠鸟）、斯忒洛珀（闪烁）、墨洛珀（侧面）和泰革塔（昴宿）。

其中，阿尔库俄涅嫁给了黎明女神的儿子刻宇克斯。这对夫妻非常地恩爱，感情极好，可是在幸福的婚姻中，他们太过得意忘形，竟然将自己比作众神之王宙斯和他的妻子赫拉。心胸狭窄的宙斯早就嫉妒二人忠贞的感情，更不能忍受他们拿自己做比较。于是，在某天刻宇克斯乘船出海的时候，宙斯施放法力吹起大风，掀起巨浪，将船打翻在了大海里，刻宇克斯葬身海底。

得知丈夫溺水而亡的消息，阿尔库俄涅悲痛欲绝，不肯独活于世，毫不犹豫地跳崖自尽了。

众神感念她对丈夫的痴情，便将这对夫妻变成了翠鸟，让他们从此永不分离。

仙女阿尔库俄涅。

曾经追求过阿尔库俄涅的海神波塞冬,因为感动于她的痴情,在每年的十二月就会平息海浪,以便翠鸟在海上筑巢,生育后代。

因为这个传说,翠鸟被取名为 Halcyon。

在西方文化中,因为翠鸟重视家庭,会与自己的伴侣白头到老,一生只有一个伴侣的特征,所以古人为它编写出了阿尔库俄涅与丈夫的深情故事,并将翠鸟视为幸福的象征。

而每年十二月中旬冬至前后的两个星期,被称为 halcyon days,因为这个时候海上风平浪静,所以 halcyon days 也可以用来表示"风平浪静的日子"。后来,halcyon 这个词还产生了快乐的引申含意,而 halcyon days 也被用来形容快乐、幸福的时光。

苹果之争
（An Apple of Discord）
——祸根

珀硫斯与海洋女神忒提丝在奥林匹斯山上举行婚礼，他们邀请了所有的神祇前来参加婚礼，却唯独忘记了一个人——不和女神厄里斯。

被众神遗忘的事实令厄里斯非常生气，她决意报复。

在举行婚礼的当天，她偷偷将一颗金苹果丢到了宴会厅，苹果上刻着"给最美丽的女神"的字样。金苹果的出现立刻吸引了众多女神的注意，身为十二主神的天后赫拉、智慧女神雅典娜以及爱神阿芙洛狄忒，都认为自己才是奥林匹斯山上最美的女神，金苹果应该属于自己。

三位女神争吵不休，互不相让，谁也不愿意将苹果让给他人。争执不下的她们，决定让主神宙斯来判定谁才是最美的女神。然而，老奸巨猾的宙斯并不愿意得罪当中的任何一位，没有做出评判，只是告诉三位女神，人间最聪明的人是特洛伊的帕里斯王子，不妨请他来担任裁判，选出女神中最美的那位。

于是三位女神与宙斯的信使赫尔墨斯，一起出现在了帕里斯王子的面前。

赫尔墨斯递给他一颗金苹果，并传达了宙斯的旨意："帕里斯，我相信你有着人世间最聪明智慧的头脑、最冷静的判断力，现在，我命令你评判这三位女神哪位最美，并将金苹果交给胜利者。"

看着面前三位同样具有夺人心魄美貌的女神，帕里斯难以抉择，何况他也知道，自己的决定将注定引发其他两位女神的怒火。为了解决争执，他向三位女神致意道："尊敬的女神，你们的容颜那么完美无瑕，我的肉眼实在无法判断出究竟谁更美一点。我可以将苹果分成三份，这样就不需要争了。"

可是，三位骄傲的女神并不接受他的调解，她们要求他一定要选出最美的一个。三人再一次争执起来，雅典娜指责阿芙洛狄忒佩戴着她那条神奇的腰带——那会让每个看到她的人都爱上她，这是不公平的；阿芙洛狄忒则反击说，雅典娜的战盔也装饰了她，让她显得更加高贵独特。看到她们两人争执不休，赫拉忽然对帕里斯说："如果你把金苹果送给我，我将赐予你无尽的财富，你将成为世界上最富有

雅各布·乔登斯的画作——《金苹果事件》。画中描述在神宴上未受邀请的象征纠纷的女神厄里斯,一怒之下将一个刻有"给最美女神"字样的金苹果摆在宴席上,从而引起三女神之间的一场纷争。

的国王。"

听到她的话,雅典娜和阿芙洛狄忒立刻停止了争执。雅典娜转身对帕里斯说:"我可以赐予你最智慧的大脑,你将成为世界上最聪明、最有魅力的人,只要你将金苹果给我。"阿芙洛狄忒不甘示弱,立刻接着说:"你已经拥有了智慧的大脑和富有的王国,不需要她们的赐予了,但是我,我可以给你这个世界上最美丽的女人。只要你将金苹果给我,你将娶到这个世界上最美丽的女人。"

阿芙洛狄忒的承诺让年轻的帕里斯动心了,他思索了一下,走上前,将金苹果放在了阿芙洛狄忒的手中。爱神发出胜利的笑声,赫拉和雅典娜则愤怒地离去,并发誓要向帕里斯报复。

金苹果之争结束了,但人间的厄运降临了。

阿芙洛狄忒履行诺言,以爱神的力量,让帕里斯得到了世上最美的女人的爱情——斯巴达国王墨涅拉奥斯的妻子海伦和帕里斯一见钟情,私奔而去。而赫拉和雅典娜借此报复,她们支持希腊人组成了联军,围困特洛伊城长达十年之久,使得人间变成了一片焦土,灾祸不断……

因为一颗金苹果的争执而最终导致了特洛伊战争,苹果之争(an apple of discord)也就成了灾难、麻烦、争端的代名词。

公元2世纪，古罗马历史学家马克·朱里·尤斯丁首先将这个词作为一个固定成语使用，此后，这个语词开始广泛流传，成为一个具有固定含意的典故。

斯大林就曾经在《不要忘记东方》一文中，用过这个典故："帝国主义者一向把东方看作自己幸福的基础。东方各国的不可计量的自然富源（棉花、黄金、煤炭、矿石），难道不是世界各国帝国主义者的'纠纷的金苹果'吗?"可见这个典故使用之广泛。

德国著名画家彼得·保罗·鲁本斯根据金苹果的传说创作了油画《帕里斯的裁判》，并以自己的妻子海伦·富曼作为美神阿芙洛狄忒的模特儿。画面中站在阿芙洛狄忒右边的女神是天后赫拉，左边的是雅典娜，复仇三女神之一则露面于天空。

阿喀琉斯之踵

（Achilles' Heel）

——强者的隐忧

"歌唱吧！女神，歌唱帕琉斯之子阿喀琉斯的愤怒，这愤怒给阿开亚人带来了无限的苦难。很多勇敢的灵魂就这样被打入哈迪斯的冥土，许多英雄的尸骨沦入野狗和兀鹰之口。自从人中之王、阿特柔斯之子（阿伽门农）与伟大的阿喀琉斯自相争斗的那一日起，宙斯的意志开始得到贯彻。"

史诗《伊利亚特》的作者荷马说，整个《伊利亚特》，"阿喀琉斯的愤怒是我的主题"。被荷马花费大量笔墨描写的这位阿喀琉斯，在著名的特洛伊战争中起到了举足轻重的作用，他有"宙斯钟爱的壮勇"，号称"希腊第一勇士"。

阿喀琉斯是海洋女神忒提斯（Thetis）和凡人英雄珀琉斯（Peleus）的孩子。据说，忒提斯曾经预言过，自己将生下一个比其父亲更为强大的孩子。这个预言后来被众神之王宙斯知道了，原本希望迎娶忒提斯的他不愿意有一个比自己更强大的神祇出现，便将忒提斯嫁给了一个凡人——珀琉斯。

神与人类血统的结合，使得宙斯不必再担心有比他更为强大的孩子出生，而对身为母亲的忒提斯来说，半人半神的血统使得她的孩子阿喀琉斯将来无法避免死亡的命运。

疼爱孩子的母亲想要为孩子改变必死的命运，于是忒提斯提着刚刚出生的阿喀琉斯的脚踝，将他浸在冥河之水里，使得阿喀琉斯获得了刀枪不入的身体。

可是忒提斯和阿喀琉斯都不知道的是，阿喀琉斯的脚踝因为握在母亲的手中，并未浸润到冥河水，这也成了他那刀枪不入的身体上唯一的弱点。

长大后的阿喀琉斯果然成为一个比他父亲珀琉斯更强大的勇士。他参加了阿伽门农的军队，帮助阿伽门农向特洛伊城进攻。然而，阿伽门农因为失去了自己的女奴，抢走了阿喀琉斯心爱的奴隶。阿喀琉斯一怒之下，离开了阿伽门农的军队。失去了阿喀琉斯的希腊军队开始节节败退，为了帮助自己的国家，阿喀琉斯的好友帕特罗克洛斯穿上阿喀琉斯的盔甲，假扮成他的模样出征，却被特洛伊主将赫克托耳王子所杀。失去好友的阿喀琉斯发誓要为好友报仇，他重披战袍，回到了阿伽门

阿喀琉斯与导师喀戎。

农的军队。

　　勇猛的阿喀琉斯所向披靡,很快就捉到了特洛伊主将赫克托耳王子,这个杀死他好友的凶手。赫克托耳王子的庇护者太阳神阿波罗,要求阿喀琉斯放过自己的臣属,可是愤怒的阿喀琉斯并未听从阿波罗的劝告,他杀死了赫克托耳王子,并将他的尸体在地上拖行了三十圈。

　　阿喀琉斯的行为激怒了阿波罗,这位了解阿喀琉斯弱点的神祇拿出自己的弓

战场上的阿喀琉斯。

箭,向阿喀琉斯的脚踝射去。

英雄轰然倒地,验证了他"或者默默无闻而长寿,或者在战场上光荣死亡"的命运。

希腊的第一勇士,却因为脚踝小小的创伤而亡,原来,再强大的存在,都会有致命的死穴。

古希腊的神话缔造者们,用阿喀琉斯的脚踝告诫我们:千里之堤溃于蚁穴,不要陶醉于自己的强大,也许看不见的细微裂痕,正在悄悄吞噬你膨胀得不可一世的骄傲。只有清醒认识自己的缺陷与不完美,才能避免悲剧的发生。

从此之后,阿喀琉斯之踵(Achilles' Heel)成为欧洲最著名的谚语之一,告诫世人永远要警惕那些细微之处,防微杜渐。

希腊人的礼物
（Greek Gift）
——包藏祸心的礼物

特洛伊的王子帕里斯被爱神阿芙洛狄忒给他世界上最美丽的女人的承诺打动,将唯一的金苹果给了阿芙洛狄忒,得罪了天后赫拉和战争女神雅典娜。

阿芙洛狄忒遵守了她的承诺,带着帕里斯来到了斯巴达,在宴会上,让他见到了世界上最美的女人——斯巴达国王墨涅拉奥斯的妻子海伦。阿芙洛狄忒施展爱神的魔力,令海伦爱上了初见的帕里斯。

几天之后,国王墨涅拉奥斯要去往克里特岛,嘱咐海伦好好招待远来的王子。趁着丈夫离开的机会,帕里斯立刻唆使海伦与自己私奔。海伦抛下了丈夫和孩子,带着斯巴达的珍宝,与帕里斯王子前往了特洛伊。

墨涅拉奥斯很快从神使那里得知了妻子私奔的消息,他怒火中烧,找到自己的哥哥阿伽门农,希望他带兵进攻特洛伊,为自己讨回公道。

阿伽门农建议召集当年起誓的英雄一起进攻特洛伊,墨涅拉奥斯接受劝告,找到了皮洛斯的国王涅斯托尔和他的儿子,阿尔戈斯国王,欧博亚国王的儿子帕拉墨得斯,克里特岛国王等,组成了联军,向特洛伊进发。

古希腊第一美女海伦与特洛伊王子帕里斯私奔。

英雄们聚集了十万军队,一千一百八十六艘船只,聚集在奥利斯港湾。出发前,英雄们在岸边献祭,忽然间祭坛下面爬出了一条血红的怪蛇,它弯曲成环状爬上了树最高处的一个鸟巢,吃了一只雌鸟和八只雏鸟,然后变成了一块石头。预言家卡尔卡斯解释说,英雄们要围城九年,只有在第十年才能攻下特洛伊。

开航不久，希腊人就在米西亚遭遇到了可怕的风暴，迷失了方向，只能回到奥尼斯，第一次行动宣告失败。

后来，英雄们整理好行装，再一次向特洛伊出发。到了特洛伊的海岸，希腊人在城外修建了防御工事，并派人去特洛伊谈判，要求他们交还海伦和海伦带走的珍宝。

然而，帕里斯王子并不愿意交出自己的爱人和到手的财富，而特洛伊的预言家赫勒诺斯也预言说，神会让特洛伊获得最后的胜利。于是，特洛伊人拒绝了和谈的要求，战争正式开始。

特洛伊城非常坚固，希腊人想尽办法也无法攻破，而特洛伊人也不敢贸然出城，只在城中坚守。希腊人侵占了附近的许多城邦，却没办法攻下特洛伊城。激烈的战争持续了九年之久，许多的英雄都在这场战争中战死了，但两边仍然是势均力敌，希腊人无法攻下特洛伊，特洛伊人也无法消灭希腊人。

终于到了围城的第十年，这也是神谕说希腊联军能攻下特洛伊的时候。这一次，聪明的奥德修斯想到了一个主意。

一天，希腊联军的战舰突然扬帆离开了，特洛伊人观察了很久，发现希腊人果真撤军了，才敢打开城门跑到城外，他们在海滩上，看到了希腊人留下了一只巨大的木马。

这只木马异常雄伟，雕刻精美，令特洛伊人非常喜爱。有人提议将它拉进城去，作为战利品留下，但有人说，这是希腊人留下的阴谋，应该烧掉或推进海里。

正在这时，士兵们捉住了一个希腊人，希腊人告诉特洛伊国王，这只木马是希腊人用来祭祀雅典娜女神的，他们故意把木马留下来，就是希望特洛伊人毁了木马，从而引起天神的愤怒。但如果特洛伊人把木马拉进城里，就会给特洛伊人带来神的赐福，所以希腊人把木马造得这样巨大，使特洛伊人无法拉进城去。

特洛伊国王相信了这个希腊俘虏的话，决定把木马拉进城去。但木马实在太大了，从城门进不去，特洛伊人只好拆掉了一段城墙，才将木马安置在了城中。当晚，特洛伊人举行了盛大的庆典，庆祝他们终于赢得了胜利，人们喝光了城中的美酒，喝得酩酊大醉。

深夜，那巨大的木马却发出了奇怪的声响，只见木马的腹部打开了，一个个全副武装的希腊战士从里面跳了出来。原来，这正是奥德修斯的计谋，让希腊士兵躲藏在木马的腹中，然后让人冒充俘虏诱骗特洛伊人将木马拉进城去，这样，他们就能轻松地攻进城里去了。

希腊士兵轻易杀死了睡梦中的特洛伊守军，打开了城门，引入了藏身附近的大批希腊军队。希腊人轻松地占领了特洛伊城，夺回了他们的珍宝，以及美丽的王妃

木马屠城记一直被人们视为神话故事,直至十九世纪时,业余考古学者海因里希·施利曼(Heinrich Schliemann)才证实特洛伊城的遗址。

海伦。

这场持续了十年的特洛伊战争,在木马的帮助下,至此终于结束了。

希腊人的礼物害死了众多的特洛伊士兵,也让整个特洛伊城沦陷,这严重的后果让后人一提到希腊的礼物(Greek Gift)就觉得包藏祸心,因此,西方人给 Greek Gift 确定了一个意义:存心害人的礼物。

现在,Greek Gift 已经成为一个有特定意义的固定短语,类似于中国的"黄鼠狼给鸡拜年"之类的说法。

伊塔刻岛
(Itaca)
——故乡

"文艺女神啊！请为我讲述那位足智多谋的英雄，在攻破了圣城伊利昂之后，四处漂泊的经历吧！他到过许多民族建立的邦国，了解了他们的思想。为了保全自己和同伴的生命，得以重返家园，他在惊涛骇浪之中受尽了痛苦的磨难。但是尽管他尽了自己最大的努力，却不能使同伴生还，因为他们狂妄地亵渎天神，居然吞食了赫利奥斯的牛群，愤怒的天神惩罚他们，不让他们回家。女神啊！至高无上的宙斯的女儿，请随便从哪里讲起吧！当时，所有其他勇敢的将士，都躲过了黑暗的死亡，离开战场，穿越海洋，回到故乡，唯有他一人，心念爱妻，行在归程之上……"

《喀尔刻把杯子递给奥德修斯》是约翰·威廉姆·沃特豪斯所绘的油画。画中描述喀尔刻正在把盛有能使人变成猪的魔酒的杯子递给奥德修斯。

当其他的英雄都回到故乡时，奥德修斯却不得不在异乡流浪。他独自在海上漂泊了十年，独目巨人吃掉了他的同伴，女巫喀尔刻把他的同伴用巫术变成猪，又要把他留在海岛上；他来到环绕大地的瀛海边缘，看到许多过去的鬼魂；他躲过了女妖塞壬的诱惑歌声，也逃过怪物卡律布狄斯和斯库拉，却被爱慕他的女神卡吕普索留在自己的洞府中，一心要他做自己的丈夫。因为没有海船，奥德修斯无法离开，只能在卡吕普索的海岛上待了好几年，但他无时无刻不挂念着远方的故乡——伊塔刻岛，还有岛上的妻子和儿子。

终于，怜惜他的女神雅典娜获得了宙斯的恩准，答应让他返回故乡伊塔刻。她派遣弑杀阿尔戈斯的向导神赫尔墨斯前往奥古吉埃海岛，向女神卡吕普索通报奥林匹斯众位天神的意见，要求她放了奥德修斯。卡吕普索尽管不情愿，却也不敢违背宙斯的旨意，她帮助奥德修斯造出了海船，并提供了足够的食物和清水，吹起一股柔和清凉的海风,送奥德修斯离开。

《荷马史诗》的作者荷马和他的向导。

尽管有天神的怜悯,但海神波塞冬对奥德修斯盛怒未熄,他吹起狂风引起风暴,将奥德修斯的海船打翻,试图吞没他。幸好在雅典娜的眷顾下,奥德修斯拼命游到了菲埃克斯人的国土。他向国王阿尔基诺斯讲述了过去九年间的海上的历险经历,获得了国王的同情。阿尔基诺斯准备了巨大的海船,挑选了五十二名健壮的水手,将奥德修斯送回了他阔别已久的故乡——伊塔刻岛。

奥德修斯满怀深情地说:"我的家乡是阳光灿烂的伊塔刻岛。有一座涅里同山,巍峨壮观,长满了参天大树,在我们的周围,还有星罗棋布的众多海岛。距离并不远,有杜利基昂、萨墨和树木茂盛的扎昆托斯,伊塔刻是众多岛屿中位置最偏远的一个,而其他海屿则位于太阳升起的东方。伊塔刻岛上虽然崎岖不平,多山多石,却适合人类生长。我认为,世上再也没有比它更迷人的地方了。那位美丽的女神卡吕普索曾试图留我在她的洞府,做她的丈夫,还有那位基尔克夫人也想让我与她成亲,尽管她们风情万种,温柔地劝说,都不能说服我断了我归家的念头,所以,故乡和双亲是一个人心目中最亲近的。即便是那些远离故乡远离父母,在异国他乡生活也很富有的人,也是如此。"正是他对故乡强烈的思念,让他抵抗住了女神的诱惑,战胜了无数的艰险,终于回到他思念的地方。

奥德修斯对故乡坚持而强烈的情感,随着《荷马史诗》的风行而流传,他所心心念念的伊塔刻岛,也渐渐演变成故乡的代名词。

如果西方人提到伊塔刻岛,那他们说起的就不仅仅是一个地名,而是他们心中最亲近的故乡。

海妖之歌
（Sirens' Song）
——蛊惑人心的蜜语

女妖塞壬三姐妹是河神埃克罗厄斯的女儿，她们是从父亲的血液中诞生的，有着美丽的面孔和鹰的羽翼。她们拥有动人的歌喉，那天籁般的嗓音可以和神使赫尔墨斯的牧笛相媲美。塞壬三姐妹因为与缪斯比赛音乐落败而被拔去了双翅，只好在海岸线附近游弋，有时会变幻为美人鱼，用婉转的歌声引诱过往的水手，听到歌声的人往往会失魂落魄，最终落得个船毁人亡。

塞壬三姐妹居住的小岛位于墨西拿海峡附近，并与海妖斯基拉和卡吕布狄斯为邻。也正是如此，那一带海域尸骨成堆，显得阴森恐怖。

当奥德修斯还在艾尤岛的时候，女巫喀尔刻就警告他说："奥德修斯，当你经过塞壬居住的海岛时，一定要告诉你所有的伙伴，用蜡将耳朵塞起来，千万不能听到她们的歌声。如果你想听一听塞壬的歌声，就让你的伙伴们先把你的手脚捆住，绑在桅杆上。你越是请求他们将你放下，他们就得把你捆得越紧。"

这天，在外流浪了十多年的奥德修斯，终于踏上了回家的旅途。他和同伴一起，乘船向他的故乡——伊塔刻岛进发。

女妖塞壬在引诱落水者。

在航行到第三天黄昏的时候，深蓝的海面上突然泛起了绿色的泡沫，片刻之间，海水变得阴森碧绿。船上的众人感到非常惊恐，仿佛已经看到了那些受害者的灵魂伴随着即将来临的风暴在空中舞蹈，并诉说着无边的苦海和美妙的歌声。水手们都被这种恐怖的气氛压抑得全身战栗，纷纷向奥德修斯求助说："伟大的奥德修斯啊！请用你神一般的智慧和无所不能的勇气，带领我们离开这片阴森恐怖的不归之海吧！"

奥德修斯抬手眺望了一下远处隐约可见的塞壬岛，并用力握了一下拳头，试图驱除心头那一闪而过的悸动。

"无论如何也要闯过这个可怕的魔鬼之岛!"想到此,奥德修斯立刻命令舵手将船停住,并按照喀尔刻的嘱咐,亲手割下一块蜂蜡,将它塞住了所有伙伴的耳朵。

轮到他自己的时候,他却在心中不停地自问:"是塞住耳朵,避免诱惑,还是绑住自己,聆听魔歌呢?"

这个像神一样伟大的人略微迟疑了一下,最终还是决定听一听塞壬女妖的歌声。

于是,他打了个手势,让手下的人用铁索将自己绑在了航船中间的桅杆上。

航船继续前行,在到达塞壬岛的时候,海面上突然飘来了悠扬的旋律。那歌声穿透奥德修斯耳鼓直抵他的心灵,令他异常地陶醉和神往。塞壬三姐妹在唱着:

来呀,奥德修斯,荣耀的希腊人,

请停下来,倾听我们的歌声!

没有一只船能驶过美丽的塞壬岛,

除非舵手倾听我们美妙的歌声。

优美的歌给你们快乐与智慧,

伴随你们平安地航海前进。

塞壬女仙完全知道在特洛伊的原野,

神祇使双方的英雄备尝生活的艰辛。

我们的睿智如普照天下的日月,

深知人间发生的战争与爱情……

塞壬的歌声就像恶魔般在奥德修斯的体内游走缠绵,轻轻地触动着他的神经。她们三姐妹看到船只驶近了,立刻化身为美丽的女子来到了绿色的海岸上。姐妹们在众人面前翩翩起舞,金色的光线揉进了每一根青丝,浓密的睫毛下那双微垂的双眼就像水晶一样剔透,粉嫩的双唇微微开启,飘溢出摄人心魂的魔歌。

听着听着,奥德修斯感觉自己此刻置身于云朵之上,并且看到了自己的故国家乡。他美丽的妻子正在寝宫中抚摸着他战袍上的图案,眼里满是思念的泪水。爱子站在身边,大声地喊着爸爸。他正想上前拥抱自己的妻儿,却发现自己竟被绳子绑住了。奥德修斯向手下大声叫喊,命令他们给自己松绑,可是这些人像聋子一样,只顾着拼命地摇橹。这时,他看见自己的妻子遭到了强盗的凌辱,儿子也被赶出了宫殿,流落街头。见此情形,奥德修斯眼睛都红了,真想抽出宝剑,将那些作恶的人剁成肉泥。可是,他的身上绑着拇指粗的绳子,根本无法动弹。他拼命地挣扎,并不停地做手势,请求将自己放下桅杆。没想到,他的伙伴们不但不给他松绑,反而越捆越紧,并且还加了一道绳子。奥德修斯越发愤怒,他大骂手下的人忘恩负义,骂着骂着便昏了过去。过了许久,他迷迷糊糊醒来,突然产生了一股抑制不住的欲望,想奔到岛上与美丽的塞壬在一起。可是,无论他如何请求、咒骂、做手势、挣扎,他的伙伴们都无动于衷,仍然不顾一切奋力地摇桨前行。

奥德修斯聆听塞壬的歌声。

船渐渐驶过了女妖们的领土,美妙的歌声消失了,奥德修斯也仿佛从幻梦中苏醒了过来。他的同伴们取出了耳中的蜂蜡,又起身为他松绑,大家齐心协力,继续向着家乡的方向驶去。

在海上孤寂的旅行中,所见的是一望无际的茫茫大海,看不到起点,看不到终点,航海者内心充满无法排解的孤独。这时,有温暖甜蜜的动人歌声响起,总能唤起水手们内心深处对故乡的留恋,对爱情的向往,对甜蜜生活的渴望,他们很容易被蛊惑,陷入那海妖歌声织就的幻梦里,迷失了自己的旅途,也丧失了宝贵的生命。

对真正的航海者来说,忍受孤独,抵抗住这魅惑的歌声,是到达彼岸的必要修炼。这对生命旅途中的所有人来说也都一样,那些蛊惑人心的蜜语,或许都像海妖的歌声一样,会将你引入万劫不复的深渊,能够以坚强的信念抗拒那些诱惑,你就能如奥德修斯一样,成为人生的英雄。

珀涅罗珀的织物
(The Web of Penelope)
——永远做不完的工作

珀涅罗珀以织布为名，拒绝了所有的求婚者。

奥德修斯的计谋让希腊人终于攻下了特洛伊城，抢回了美女海伦，但木马带来的杀戮也惹恼了天神们。天神转动命运的轮盘，让奥德修斯在外流浪，迟迟无法返回自己的家园。

就在奥德修斯想方设法要回到家园的时候，他的妻子和儿子也正在家里焦急地期盼着他的消息。因为奥德修斯久久未归，海外各岛上来了许多势力强大的王公贵族，他们都是来自杜利基昂、萨墨、林木茂盛的托昆托斯和山石陡峭的伊塔卡。这些人觊觎奥德修斯留下的财富，强行在奥德修斯的宫殿里住下来，向奥德修斯的妻子珀涅罗珀求婚。

珀涅罗珀并不愿意改嫁，一心等待着自己深爱的丈夫。但这些求婚者生怕自己离去之后被其他求婚者占了先机，全都不肯离开，住在奥德修斯家寻欢作乐。按照习俗，珀涅罗珀不能赶走这些远道而来的求婚者，只能好酒好肉地招待着他们。每天，女仆们为客人们献上精致的菜肴和面包，金杯盛满的美酒，而这些求婚者们，只需要在吃饱喝足之后，唱歌跳舞，盘算怎样获得更大的快乐。

求婚者们享受着奥德修斯家的财富，却不忘逼迫珀涅罗珀改嫁给自己。奥德修斯的迟迟未归令珀涅罗珀压力巨大，为了安抚求婚者们，她只好承诺说，等她织完了手头上这块布匹，她就会选择一位求婚者改嫁。"这块布是为老王拉埃尔特斯织的裹尸布，如果我没能及时完成，当死神突然将他抓住的那一天，阿开奥斯妇女就会指责我说，他生前那么富有，死后连一块裹尸布也没有。"

这要求令求婚者无法拒绝,他们只得答应了珀涅罗珀的要求。从此,白日里人们总是能看到珀涅罗珀在织布机上忙碌着。每个人都能看到珀涅罗珀的辛劳,可是那块布匹,却始终没能完工。

　　就这样,三年的时间过去了,求婚者们依旧赖在奥德修斯家,无耻地享受着免费的招待。终于有一天,珀涅罗珀的儿子特勒马科斯受不了了,他大声对这群求婚者们宣布:"全都离开我的家,要么花自己的钱,要么再到另一家去白吃白喝。如果你们赖着不走,还是死皮赖脸地来耗费我的财产,那么我就会向天神们祈祷,让他们把厄运降临到你们头上,不能够活着走出这座宽大的府第!"

　　听到这番严厉的告诫,求婚者们面面相觑,这时,一个叫作安提诺奥斯的求婚者跳出来,说:"能言善辩、颠倒黑白的特勒马科斯!你因何如此气愤,让我们背上黑锅!阿开奥斯的求婚者并没有错,错在你的母亲,那位善使心计的女人!现在已是第三年了,转眼就要进入第四年,她一直在欺骗众人,她对每个人都许下诺言,使每个人都抱着希望,但心中盘算的却是另外一回事!她说当布匹织完就会选择一个人改嫁,可是从那以后,她就白天在织机前忙碌,晚上却点起火把,拆毁织布。如果不是一位知道真相的女仆告诉了我们这个阴险的骗局,我们至今还被蒙在鼓里呢!今天,珀涅罗珀必须选择一个阿开奥斯人并嫁给他,否则我们永远不回家或去其他地方!"

　　正在这时,一个满脸沧桑的乞丐走了进来,他正是漂泊数十年的奥德修斯,在雅典娜的守护下,终于找到了回家的路。

　　父亲的归来让特勒马科斯勇气大盛,他和父亲一起,杀死了那些蛮横无理的贵族求婚者们,夺回了属于自己的家。

　　忠诚的珀涅罗珀终于等到了自己的丈夫,她的布匹,也终于可以织完了。

　　因为珀涅罗珀的忠贞不贰,英语中的珀涅罗珀(Penelope)现在也成了贞妇的同义词,还产生了 with a Penelope faith(坚贞不渝)这个短语,而珀涅罗珀的织物(The Web of Penelope)也就用以表示永远也做不完的工作。

水仙花
（Narcissus）
——自恋情结

纳西塞斯与仙女厄科。

纳西塞斯是河神和仙女结合生下的孩子，在他出生之后，他的母亲得到神谕：这个新降生的孩子将会是天下第一美男子，但美好的容貌也将带给他灾难，他将会因为迷恋自己的容颜，落得悲惨的命运。为了让孩子逃避神谕的应验，纳西塞斯的母亲将他放在了人迹罕至的山林中成长，不让任何人看到他，也不让他看到自己的容颜。

纳西塞斯在山林里自由自在地成长。尽管只有他自己一个人，但山林里的小动物爱恋着他举世无双的容颜，纷纷围绕在他身边，跟随他奔跑跳跃，也令他并不孤单。

一天，山林女神厄科无意间来到了森林里，在繁盛的树荫下、青翠的草地上，她看到了沉睡的纳西塞斯。少年英俊的脸庞让厄科一见钟情，她久久凝视着这天神厚爱的睡颜，不忍离去。纳西塞斯从睡梦中醒来，看到了面前专情凝视自己的少女，他从未见过这样的生物，陌生而疑惑地问她："你是谁？"

山林女神厄科想要回答纳西塞斯的问话，可惜，就如她的名字"Echo"回声一样，她只能重复别人的话语，却无法发出自己的声音，于是她只能回答："你是谁？""你是谁？""你是谁？"

不断重复自己话语的少女令纳西塞斯再也不耐烦和她沟通了，他旁若无人地走开，在山林中继续自己的生活。少女完全无法将自己的目光从纳西塞斯身上移开，她痴痴地跟着纳西塞斯，用久久的凝视表达着自己的深情。

终于，少女痴情的目光令纳西塞斯对自己的容颜开始产生好奇，自己究竟是什么样的呢？为什么她要一直盯着自己？纳西塞斯决定去看看自己长什么样子。他开始走出山林，想要到林边的池塘里去照照自己的面容。

清澈的湖水里，倒映着的是一张举世无双的面容：卷曲的头发迎着阳光，闪出耀眼的光芒，如天空般深邃的眼睛，高挺的鼻梁，玫瑰般鲜红的嘴唇，组合成一张毫无瑕疵的脸。这完美无瑕的面孔让纳西塞斯不由得惊呆了，他生平第一次感受到了爱神的魔力。

厄科女神长久守护着纳西塞斯，等待着他响应自己的爱情，但纳西塞斯就像着了魔一样，只顾欣赏自己俊美的倒影，再也没有理她。伤心的少女一无所获，她起身离开了纳西塞斯，漫无目的地走进了森林，将自己藏在了山林中，再也没有出现。从此以后，人们漫步在寂静的山林，当你发出声音的时候，偶尔还能听见山林女神的回应，这就是 Echo（回声）给你的回答。

再说纳西塞斯，他没日没夜地用充满爱慕的眼睛凝视着自己在水中的影像，并且不由自主地俯下身去想吻水中的美人，可是吻到的只是冰冷透亮的溪水。他将双手伸入水中，想拥抱这个绝世的佳人，可是水面泛起一片涟漪，影像不见了。纳西塞斯伤心地哭了起来，他乞求道："别离开我，亲爱的朋友！"过了一会儿，平静的水面上又浮现出那张美丽的面孔。他迫不及待地说："留下来，我爱你！"纳西塞斯又一次向水中的影像伸出手，就在他碰触到水面的一刹那，那张至爱的脸再次消失在波光中。纳西塞斯以为自己已经永远失去了他，便痛苦地撕扯着自己的头发。这时水面再次平静下来，纳西塞斯发现那个美人鬓发蓬乱，面容苍白，不禁被这幅景象刺痛了，而痛哭起来。

为了不失去湖中的美人，纳西塞斯就日夜守护在湖边，不寝不食、不眠不休地俯身看着水中的倒影。

后来，纳西塞斯倒在岸边的绿草地上，死亡的黑暗遮住了他的双眼。

当初，纳西塞斯对厄科的冷淡让报应女神娜米西斯非常不满，娜米西斯决意教训他。但爱神怜惜纳西塞斯，劝阻了报应女神。为了平息报应女神娜米西斯的怒火，爱神将死后的纳西塞斯变成了一朵开放在池塘边的白花。这清幽脱俗而高傲孤清的花，每天都能垂着头，对着湖面欣赏自己美妙的倒影。而这种花，也被女神命名为 Narcissus，也就是水仙花。

因为纳西塞斯的传说，水仙花从此也成了自恋的代名词。纳西塞斯终日在湖边垂首，只愿欣赏自己的容颜，就算被变成了水仙花，也不后悔，只因为在他心目中，自己拥有举世无双的容貌。后来，心理学家贝姆在他的心理学经典著作《人格理论》中，把自恋这种心理情绪叫作"水仙花情结"（Narcissus Complex）。

金羊毛
（Golden Fleece）
——理想与幸福的追求

　　玻俄提亚国王阿塔玛斯娶了云神涅斐勒为妻，生下了女儿赫勒和儿子佛里克索斯。但是，婚后的阿塔玛斯爱上了一个叫作伊诺的女人，他抛弃了妻子，娶了伊诺为妻，涅斐勒一怒之下，留下年幼的儿女，回到了云间生活。

　　涅斐勒走后，赫勒和佛里克索斯成了伊诺的眼中钉，受尽了虐待。涅斐勒从云上看到了孩子们的不幸遭遇，请求宙斯向这个国家降临灾祸，拯救自己的孩子。宙斯派自己的信使赫尔墨斯送给了赫勒和佛里克索斯一只长着翅膀的、有金色羊毛的公羊。

拿着金羊毛的伊阿宋。

　　两个孩子逃出了宫殿，骑着公羊飞过了陆地和海洋。在途中，姐姐赫勒因为头晕，从羊背上掉下去，落在海里淹死了，佛里克索斯则平安地到达黑海沿岸的科尔喀斯。国王埃厄忒斯接纳了这个孩子，并把女儿许配与他。佛里克索斯为了感谢宙斯对他的庇佑，将金羊宰杀后献祭给了宙斯，而金羊毛则送给了埃厄忒斯。

　　得到金羊毛的埃厄忒斯非常高兴，将其献给了战神阿瑞斯。阿瑞斯告诉埃厄忒斯，他必须好好守护金羊毛，因为金羊毛已经和他的生命紧紧联系在一起，如果失去了金羊毛，他也会死去。于是，埃厄忒斯将金羊毛钉在了纪念阿瑞斯的圣林里，并派了一条火龙把守。

　　金羊毛的故事成了传说，许多人都希望能得到这代表着财富和荣誉的宝物，无数的英雄为了得到它踏上了征程，却没有一个人能成功地得到它。直到有一天，一个叫伊阿宋的年轻英雄来到了科尔喀斯。

　　伊阿宋原本是个王子，但在他年幼时叔叔珀利阿斯篡夺了他父亲埃宋的王位，并将他们父子赶出了国境。父子四处流浪，寻找着复仇的机会，直到他们遇到了著名的教育家喀戎。喀戎非常欣赏坚毅果敢的伊阿宋,收他为学生,将自己的毕生所学都传授给他。

在喀戎的教导下,伊阿宋成长为一个英姿飒爽的年轻英雄,但这也引起了叔叔珀利阿斯的警惕。为了除掉这个可怕的敌人,珀利阿斯找到伊阿宋,对他说,如果他能够取回传说中的金羊毛,自己心甘情愿将王位拱手奉上。

伊阿宋接受了珀利阿斯的挑战。他请来最优秀的船匠建造了一艘大船,又找来了自己师从喀戎时,身负绝技的同窗好友做伴,划起船桨,向科尔喀斯进发。

来到科尔喀斯的伊阿宋,首先拿着象征和平的橄榄枝走进王宫,去觐见国王埃厄忒斯。伊阿宋并未隐瞒来意,直接向国王说明了自己的请求,希望国王将金羊毛赐给自己。听了他的话,国王哈哈大笑:"金羊毛是我国的珍宝,怎么可能轻易给你呢? 不过,我很欣赏你的勇气,如果你能做到两件事情,那我可以将金羊毛给你。"

"您说吧! 为了复仇,做什么我都在所不辞!"伊阿宋果断地说。

"我有两头神牛,它们脚有铜蹄,鼻孔喷火,凶猛无比。黎明时,你要驾着它们去耕种四亩贫瘠的土地。当土块被犁起后,要撒下毒龙的牙齿,到了晚上,牙齿会长成凶恶的武士,你必须用剑把他们一一刺死。另外,在挂着金羊毛的树林里,有一条毒龙日夜守候着,你必须想办法打败它,才能取得金羊毛。"

听到这令人恐惧的任务,跟随伊阿宋的人都惊呆了。伊阿宋也毫无把握,但事已至此,他只能硬着头皮答应了。

回到住所,他思前想后,却不知道如何完成自己的任务。就在这时,一个少女找到了伊阿宋,告诉他,她可以帮助伊阿宋完成任务。

原来,这少女正是国王的女儿美狄亚。她在宫殿里看到了英俊的伊阿宋,对他一见钟情,决定帮助伊阿宋拿到金羊毛。她给了伊阿宋一种药膏,让他涂满全身,就可以获得神奇的力量,打败铜牛。

伊阿宋接受了美狄亚的药膏和爱情。

第二天早上,他将药膏涂满了全身、剑和盾牌,来到山谷,准备迎接战斗的到来。山谷里放着巨大的铁铸轭和犁,凭一个人的力量根本无法搬动。就在这时,神牛出现了,它们鼻孔喷着烈焰,八条铜蹄踏在地上,每走一步,田野都随之震动。

神牛看到了伊阿宋,低下头向他冲来,想要用巨大的牛角顶翻他。伊阿宋轻轻松松地转身躲过,并用双手抓住神牛的牛角。药膏的神力让他变得力大无穷,神牛怎么都无法挣脱,一下子就被拖到铁犁旁边。伊阿宋用力按下牛头,逼着两头神牛不得不跪在地上,被装上了铁轭。

被打败的神牛服输了,它们拉着犁,乖乖地向前走着,犁出了深深的垄沟。伊阿宋顺利地播种下了毒龙的牙齿。很快,夕阳西下,播种好的田里长出了身披铠甲

美狄亚帮助伊阿宋盗走了金羊毛。

的武士，手里的长枪闪耀着刺眼的光芒。他们执起长枪，向伊阿宋冲过来。

聪明的伊阿宋举起一块巨石扔了过去，随后跪在地上，用盾牌遮住了自己。巨石扬起遮天的灰尘，令武士们看不清身边的人，还以为敌人已经打过来了，他们怒吼着，向身边的"敌人"进攻。等到这群愚蠢的武士内讧得差不多了，伊阿宋轻轻松松地解决了剩下的几个筋疲力尽的武士。

埃厄忒斯非常惊讶，但众人都目睹了这个事实，他也无法反悔，只能承认伊阿宋完成了第一个任务。

听出埃厄忒斯语气里的不情愿，伊阿宋生怕国王会临时反悔，决定当天晚上就去盗取金羊毛。

伊阿宋让其他的同伴都回到船上准备，自己带着美狄亚和会弹七弦琴的俄耳甫斯出发了。在迷宫一样的森林里，他们找到了那棵钉着金羊毛的橡树。闪闪发光的金羊毛下，躺着的是那条巨大的毒龙，那条巨大的毒龙睁大一双永不闭合的眼睛，警惕地扫视着四周，稍有声响，便张牙舞爪地扑过去。

"俄耳甫斯，快弹你的七弦琴！"美狄亚指挥着俄耳甫斯弹起七弦琴，婉转的琴音飘荡在树林间，令人渐渐心神安宁起来。凶猛的毒龙也低下了头颅，慢慢进入了梦乡。这时，伊阿宋飞快地冲上前去，从树上摘下了金羊毛，然后带着美狄亚和俄耳甫斯，离开了森林，回到了船上，连夜返航了。

埃厄忒斯得知了自己女儿的背叛，派出士兵追赶伊阿宋一行，但为时晚矣，伊阿宋他们先行一步，已经赶回了希腊，成了金羊毛新的主人。

在故事的开头，金羊毛是财富和权力的象征，它是宙斯的赏赐，代表着神的恩典，是国王拥有神的眷顾的标志。随着伊阿宋凭借自己的聪明才智获得了金羊毛，拿回了原本属于自己的王位，也获得爱情，从此，金羊毛就成了一切具有追求价值的事物的象征。

英雄们通过冒险获得认可，得到幸福，这个时候，金羊毛已经不仅仅是一件给获得者带来胜利和荣耀的物品，而是那些英雄们追求幸福和理想的指向。

阿里阿德涅的线
(Ariadne's Thread)
——解决问题的线索

克里特岛的国王米诺斯赶走了前任国王拉达曼迪斯,抢夺了他的王位,为了证明自己获得王位是应当的,他便向海神波塞冬祈求,希望波塞冬庇佑自己。波塞冬回应了米诺斯的请求,赐给他一头巨大的白色公牛,要求他将其献祭给自己。

可是,这头公牛实在太美丽了,米诺斯舍不得将之献出去,就杀了另外一头公牛献祭给了波塞冬。波塞冬对米诺斯的食言非常愤怒,诅咒了米诺斯的妻子帕西菲,使其患上了嗜兽癖。

为了不让其他人知道王后奇怪的嗜好,米诺斯请来著名的建筑师、雕刻家代达罗斯,为帕西菲制造了一只木制母牛,将她藏入其中。可是,因为代达罗斯制作的雕像太过逼真,就像有灵魂一样,吸引了白色公牛,白色公牛与之交配,使得帕西菲怀孕了,并生下了一只牛头人身的怪物——米诺陶洛斯。

米诺陶洛斯半身像,现藏雅典国家考古学博物馆。

米诺陶洛斯是个残暴凶猛的怪物,它有着牛一样的力量,并且喜爱食用儿童的嫩肉。为了困住它,米诺斯请代达罗斯建造了一个异常复杂的迷宫,将米诺陶洛斯放在了迷宫的最深处。这迷宫迂回曲折,所有进去的人都会迷失方向,不由自主地走到岔道上,再也找不到来路,最后死在迷宫里。

米诺斯进攻了希腊城邦,希腊人为了求和,答应每九年送来七对童男童女,作为献给米诺陶洛斯的祭品。在献祭了许多的童男童女之后,雅典人开始指责他们的国王,说他将臣民们的孩子送到克里特岛任人屠杀,自己的孩子却要继承王位,享受荣华富贵。听到子民们的指责,雅典王子忒修斯主动请缨,愿意亲自去喂牛头怪。他向父亲保证,说自己一定能制伏米诺陶洛斯,安全回来。国王答应了他的请求,将他送上了前往克里特岛的海船。

忒修斯带着其他的童男童女来到了克里特岛。在米诺斯的宫殿里,米诺斯国王的女儿阿里阿德涅见到了忒修斯,第一眼就被他的非凡气度吸引,而爱上了他。得知忒修斯将要进入米诺陶洛斯的迷宫,阿里阿德涅偷偷塞给了他一个线团和一把有魔力的宝剑,并告诉了他使用的方法。

忒修斯带着线团和宝剑,领着其他的童男童女走进了迷宫。刚一进迷宫,他们就听见了米诺陶洛斯低沉的吼叫,其他的童男童女们害怕地四散逃了,可是,他们都没能找到出去的路,在迷宫中迷失了方向。忒修斯最为镇定,他取出线团,将一头系在了迷宫的入口处,然后放开线团,慢慢地往迷宫中走去。

走了很久很久,经过了无数的岔道,忒修斯终于来到了迷宫的最深处,找到了正在进食的米诺陶洛斯。

忒修斯偷偷走到米诺陶洛斯的背后,趁它专心进食的时候,用宝剑刺向了米诺陶洛斯的心脏,杀死了它。随后,忒修斯在迷宫中找到了走散的其他人,带领他们沿着自己先前留下的线,走出了迷宫。

阿里阿德涅线团引导着忒修斯王子走出了那个错综复杂的迷宫,所以,那些引导人们走出困境的关键,我们称它为解救人们的阿里阿德涅线团。

在人生旅程中,前进和探索之路总是如迷宫般迂回曲折,险象环生,它是如此的神秘,激发勇敢的人们以最大的热情踏上这条坎坷的路。每踏出一步,都如同在迷宫之中探索,只要坚持不放弃,就一定能找到属于自己的阿里阿德涅线团,顺着它的指引,找到光明的前路。

忒修斯手里拿着阿里阿德涅给他的线团,准备进入迷宫。

奥吉亚斯的牛圈
(The Augean Stables)
——最肮脏的地方

众神之王宙斯与底比斯国王之女阿尔克墨涅生下了一个孩子，名字叫赫拉克勒斯。因为父亲的身份特殊，阿尔克墨涅不敢留下这个孩子，便将他放到了野外。正巧，天后赫拉和雅典娜从这片原野经过，看到这个可爱的新生儿，心生爱意，在雅典娜的劝告下，赫拉便给这孩子喂起奶来。

谁知赫拉克勒斯吸食得太过用力，将赫拉咬痛了，赫拉生气地丢下了孩子。雅典娜并不知道赫拉克勒斯就是阿尔克墨涅的孩子，又将他送到宫殿，托付阿尔克墨涅抚养。就这样，赫拉克勒斯又回到了母亲的身边。

大力神赫拉克勒斯。

后来，赫拉才知道自己喂食的正是自己情敌的孩子，她派了两条毒蛇去宫殿里杀死襁褓中的孩子，但吸食了赫拉乳汁的赫拉克勒斯继承了她的神力，拥有了不死之身和无比的神力。他轻松扼死了两条毒蛇，粉碎了赫拉的阴谋。

赫拉并不死心，一直想要加害赫拉克勒斯，却始终未能得逞。赫拉克勒斯渐渐长大，长成了一个英勇无比的大力士。赫拉便指示亚各斯的国王欧律斯透斯征召赫拉克勒斯服役，赫拉克勒斯向神请示，赫拉又以神谕告知赫拉克勒斯，说他必须为欧律斯透斯完成十二件苦差事，而其中一件，便是要为奥吉亚斯清洗他的牛圈。

奥吉亚斯是古希腊西部厄利斯的国王，他非常富有，光牛就养了三千头以上。其中有三百头腿脚洁白如雪的公牛，两百头毛色鲜红如火的公牛，另外还有十二头献给太阳神的洁白似天鹅的神牛，俊美非常。奥吉亚斯非常喜欢自己的牛，为了这些牛，他建造了一个巨大的牛圈，将所有的牛都圈养了起来。可是，奥吉亚斯从来不让人打扫牛圈，这牛圈已经有三十年都没有清扫过,里面牛的粪便堆积如山,混杂着牛身上的臭味,肮脏不堪,十分难闻。

赫拉克勒斯向奥吉亚斯承诺,他可以用一天时间就清洗干净这个巨大的牛圈,如果他能完成这个任务,那奥吉亚斯就得将这些牛的十分之一赠送给他。奥吉亚斯认为赫拉克勒斯根本无法完成这个任务,就答应了他。

赫拉克勒斯拆掉牛圈两边的围墙,又在牛圈的一端挖了深沟,将附近阿尔裴斯河和珀涅俄斯河的河水引了过来,奔流的河水从牛圈流过,巨大的冲力将牛圈里厚厚的牛粪全冲走了。一天之后,牛圈变得干干净净,所有的污物都没有了。赫拉克勒斯修好围栏,前去面见奥吉亚斯国王,要求他兑现自己的承诺。

可是,奥吉亚斯背信弃义,否认了自己的承诺,赫拉克勒斯只好离开了。

数年之后,他为欧律斯透斯效劳,率领大军杀入了厄利斯王国,亲手射死了奥吉亚斯。

赫拉克勒斯的这个"奥吉亚斯的牛圈(The Augean Stable)"成了西方的一个典故,用来形容非常肮脏的地方。后来,这个词又得到了进一步引申,用来表示某些积弊、不良的制度和守旧的习俗等。

马克思、恩格斯等人经常在自己的著作中用到这个词组,比如恩格斯就曾写过:"路德不但扫清了教会这一奥吉亚斯的牛圈,而且也扫清了德国语言这个奥吉亚斯的牛圈,创造了现代德国散文,并且撰作了成为十六世纪《马赛曲》的充满胜利信心的赞美诗的词和曲。"

槲寄生
（Viscum Album）
——幸福

特洛伊城被攻下之后，特洛伊王子赫克托耳的主将安奇塞斯王子与爱神阿芙洛狄忒的儿子埃涅阿斯带领剩下的族人乘船逃难，最后到达了意大利，建立了罗马城。

定居下来的埃涅阿斯想要让死去的父亲复活，就去恳求一位女先知西比尔，希望她能帮助他去地府会见亡父。

女先知告诉他，黝黑的冥界大门是昼夜敞开的，前往冥界很容易，但回来则只有少数天神的后代才能办到。一路上都是拦路的密林，还要两次渡过斯提克斯河，要想不在这幽暗的树林里迷路，埃涅阿斯必须找到一根黄金的树枝。这根树枝是冥后帕尔塞福涅的圣物，它藏在一棵枝叶茂密的树里，叶子和枝丫都是黄金的，只有被命运允许摘下它的人，才能在繁茂的树冠中找到这根黄金的树枝，否则，就算用钢刀也无法砍下它来。

埃涅阿斯背着瞎眼的父亲逃出特洛伊城。

女先知的话让埃涅阿斯非常烦恼，他不知如何才能找到这根黄金的树枝。这时，两只鸽子飞到了他面前，埃涅阿斯认出这是他母亲爱神阿芙洛狄忒的鸟，便立刻向鸽子祷告说："请你们做我的向导，把我引到林中那根遮盖这沃土的吉祥金枝那边去吧！还有你，我的母亲、爱神，在这前途未卜的时刻，不要把我抛弃！"说完，那两只鸽子立刻向前飞去，但始终保持着能让埃涅阿斯看到的高度。它们带着埃涅阿斯来到了恶臭难闻的阿维尔努斯的入口，找到了一棵双体树，在繁茂的枝叶中，埃涅阿斯看到了一根金色的树枝，黄金的树叶闪着光，杏黄色的小浆果藏在金色的树叶下。它正是埃涅阿斯所要寻找的金枝——槲寄生。

埃涅阿斯带着槲寄生找到了女先知，在女先知的陪伴下，进入了冥府。

起初，他们遭到了冥河渡河者卡隆的阻拦，但女先知拿出了被司命之神祝福过的金枝，立刻让卡隆心中的怒气消失了。卡隆将他们带上了渡船，安全地摆渡过了冥河。在槲寄生的帮助下，埃涅阿斯终于见到了自己的父亲。

在北欧神话中，也有槲寄生的故事——

光明之神巴德尔梦见自己不久将死于非命。为了保住儿子的性命，巴德尔的母亲爱神弗丽嘉便造访了世界上所有的元素，包括风、火、水、土，及所有的动植物，

公元 18 世纪，冰岛手抄本中的巴德尔之死插画。

要它们立誓,不得伤害巴德尔的性命。可是,当她看到寄生在树上的槲寄生时,觉得这植物连根都没有,太过柔弱,根本无法伤害巴德尔,并未要求它立誓。

弗丽嘉的行为让巴德尔备受嘲笑,他的朋友用东西丢他,但他母亲的力量和誓约起效了,砸向巴德尔的东西怎么也无法伤到他。然而,邪恶之神罗奇发现了并未和弗丽嘉订下契约的槲寄生,他用槲寄生做了一个有毒的箭头,在巴德尔和他的盲人兄弟厚德比赛箭术时,用槲寄生的箭头换下了厚德的箭。巴德尔被槲寄生做成的箭头贯穿了胸膛,验证了他将会死于非命的预言。

弗丽嘉想尽一切办法挽救儿子的生命,却都失败了。她伤心地哭泣,眼泪落在了巴德尔胸前的槲寄生上,槲寄生红色的果实变白了,巴德尔也起死回生,回到了人间。

狂喜的弗丽嘉原谅了槲寄生,并承诺,无论是谁站在槲寄生下,她都会赐给那个人一个亲吻,以分享她儿子死而复生的喜悦。

因为光明之神巴德尔的起死回生,维京人相信,槲寄生能将人由死亡中带回。从此之后,西方人将槲寄生视为避邪的植物,象征着爱、和平与宽恕。英国人相信它可以治疗疾病,保护人们免于巫术的影响,奥地利人将槲寄生放在门槛上以防止做噩梦,瑞典人用槲寄生作为寻找黄金矿脉的探测棒,意大利的某些地区则一直流传着槲寄生能使人隐形的说法。

因槲寄生象征着爱与幸福,它也就成了西方人最重要的节日——圣诞节中最重要的装饰植物,每一棵圣诞树上,都要挂上槲寄生。此外,因为传说中弗丽嘉的承诺,当一个女子站在槲寄生下面时,任何人都可以亲吻她,而她不能够拒绝。

地狱之犬

（Cerberus）

——冥府守门者

　　刚刚来到霍格沃茨的哈利·波特和他的小伙伴们无意间闯入了一个神秘的房间。他们惊讶地发现，正面对着一只怪物般的大狗的眼睛，这只狗大得填满了从天花板到地板的所有空间。它有三个脑袋，三双滴溜溜转动的凶恶的眼睛，三个鼻子——正朝他们的方向抽搐、颤抖，还有三个流着口水的嘴巴，口水黏糊糊地从泛黄的狗牙上落下来。

　　这只三头巨犬看守着的正是霍格沃茨最重要的东西之一——魔法石。J. K.罗琳选择它来守护魔法石，正是因为，在希腊神话中，它是凶恶的冥府守门者——刻尔勃路斯。

　　在但丁的《神曲》中，三头巨犬是地狱第三环的守卫者："我来到了第三环，那诅咒的永恒的苦雨冷凄凄，不停地下，又下得那么急，还有纷飞的雪花，在浓黑的空气中倾盆泼下，泼在那大地上，恶臭到处散发。刻尔勃路斯，那凶残而怪异的猛兽，它有三个咽喉，朝着那些沉沦此地的人狂吼。它有血红的眼睛，油污而黝黑的胡须，肚皮很大，脚上长着尖锐的指甲；它猛抓住那些鬼魂，剥它们的皮，把它们撕碎。雨雪也使鬼魂们如狗一般嚎叫不止。这些悲惨的受苦亡魂不断地转来转去，用这边的身躯遮蔽那边的身躯。刻尔勃路斯这只大蛆虫，一见我们便大张三张血口，向我们龇出它那满嘴獠牙；它那四肢无一能够停下。我的老师伸出他的双手，抓起泥土，攥成泥球，投入那些贪婪的大口。如同一只饿狗狂吠不停，只是在咬住食物时才变得安静，因为它要使出力气，把食物一口吞进，魔鬼刻尔勃路斯的三副丑恶嘴脸，此刻也是这样平静下来，但它仍在朝着鬼魂们吼叫不止，闹得鬼魂们真想变成聋子。"在这里，三头犬守护的，是地狱中贪食者接受惩罚的那一层。

　　而大力神赫拉克勒斯必须为欧律斯透斯完成的十二个任务中最后的一个，就是把刻尔勃路斯从地狱带到人间。

　　相传，赫拉克勒斯首先前往厄琉西斯城去找精通阴阳世界秘密的祭司。赫拉克勒斯找到祭司奥宇穆尔珀斯之后，照着祭司的建议先洗刷自己杀害肯陶洛斯人

三头巨犬刻尔勃路斯。

的罪孽,获得了无罪之身,之后祭司开始传授给他秘道。赫拉克勒斯拥有了这种神力,就不再害怕地狱,来到了地狱入口忒那隆城,并由神界与人界的信使赫耳墨斯带领,到达了冥王哈迪斯的管辖地。城门前有许多悲哀的阴魂在游荡,它们一见活人就吓得四处逃窜,只有两个灵魂岿然不动,它们是戈耳工怪物美杜莎和墨勒阿革洛斯的灵魂。

　　赫拉克勒斯见它们不动,以为要和他搏斗,立即挥剑要砍戈耳工,赫耳墨斯急忙阻拦他,告诉他死人的灵魂都是空的,有血有肉的人是伤不到它们的。赫拉克勒斯收回剑,一转身刚要走,恰好看见了他的两个朋友忒修斯和庇里托俄斯,就和他们打了声招呼。他们俩本来是来向冥后珀耳塞福涅求爱的,结果却被冥王哈迪斯发现,被锁在了他们休息的石头上。两人一看是老朋友赫拉克勒斯和他们说话,赶紧伸出手向他求救。赫拉克勒斯力气很大,他抓住忒修斯的手,用力一拉,就把忒修斯解救出来了。当他再去救庇里托俄斯时,脚下的大地开始猛烈震动,最终没救出庇里托俄斯。

　　赫拉克勒斯继续向前走,又看见了阿斯卡拉福斯,这个人曾经诬陷珀耳塞福涅偷吃了哈迪斯的红石榴,珀耳塞福涅的母亲德墨忒耳因为女儿的名誉受损,就把阿斯卡拉福斯变成一只猫头鹰,并在他的身上压了一块大石头。赫拉克勒斯帮他把大石头移开,杀了哈迪斯的一头牛给他解渴。这一举动触怒了牧牛人墨诺提俄斯,二人展开了搏斗,赫拉克勒斯将墨诺提俄斯拦腰抱起,并用力捏折了他的肋骨,冥后为他求情,他才得以保全性命。

　　冥王哈迪斯在冥府的门口挡住了赫拉克勒斯的路,赫拉克勒斯张开手中的箭,正击中冥王的肩膀,痛得他大叫不止。当赫拉克勒斯提出要牵走恶狗刻尔勃路斯时,哈迪斯立即就答应了,不过提出一个条件,赫拉克勒斯牵狗时不允许使用武器。赫拉克勒斯也答应了。他披着他曾经捕杀的一头巨狮的皮去捉刻尔勃路斯,那只恶狗正昂着它的三个头狂叫,声音如雷声一般。赫拉克勒斯快速上前用两手紧紧夹住它的三个头,刻尔勃路斯的大尾巴使劲摇晃,企图抽打赫拉克勒斯,但赫拉克勒斯双手死死地卡住它的脖子不放,僵持了一会儿后,终于把它制伏了。

赫拉克勒斯带着刻尔勃路斯从另一个出口回到阳间,结果地狱恶狗非常害怕阳光,刚一出来就吓得吐出了毒液,毒液滴到地上就长出了含有剧毒的乌头草。

当赫拉克勒斯把刻尔勃路斯交给欧律斯透斯时,欧律斯透斯吓呆了,几乎不敢相信自己的眼睛。直到此时,欧律斯透斯才不得不承认要想除掉宙斯这个儿子是不可能的了。无奈之下,他只得吩咐赫拉克勒斯将刻尔勃路斯送回冥府,还给它的主人哈迪斯。

赫拉克勒斯擒获刻尔勃路斯。

刻尔勃路斯是厄喀德那和堤丰的后代,希腊神话中地狱的看门犬,据说原本它有五十个头,但后来因为雕刻的需要,被减少为三个。它的形象非常可怕,有许多个头,还长着蛇的尾巴,脖子上也缠绕着毒蛇,它嘴里可以喷出毒液,落到地上还能变成有毒的乌头草。

在很多传说中,刻尔勃路斯负责守卫冥界的大门,它允许每一个死者的灵魂进入冥界,但不让任何人出去,因为它的凶恶,很少人能够从冥界回来。古希腊人有在死者的棺材里放一块蜜饼的习俗,据说就是为了讨好刻尔勃路斯。

安泰俄斯
（Antaeus）
——力量自有其来源

安泰俄斯是大地女神盖亚和海神波塞冬的儿子。他是个高大得像山一样的巨人，长有一只眼睛，生在前额中间，眼珠有车轮那么大。他呼一口气就像一阵风暴，会把成百座房子的屋顶掀翻，把成千上万的人刮到空中旋转。他的母亲、大地女神盖亚赐给了他无穷的力量，只要他站在大地之上，就能源源不断地从大地母亲那里汲取到能量，没有人能够打败他。

安泰俄斯居住在利比亚，他强迫所有经过自己土地的人都必须和他摔跤，只有赢的人才能通过。但是，没有人能像他一样有着永远也用不完的力量，所有经过的人都被他杀死了。安泰俄斯将这些人的头骨收集起来，供奉在他父亲波塞冬的神庙里。

英雄赫拉克勒斯知道了安泰俄斯的暴行，决定为民除害。

他来到利比亚，向巨人安泰俄斯挑战。因为有着无比的神力，第一次，赫拉克勒斯轻轻松松地将安泰俄斯打倒在地，可是，安泰俄斯很快便站了起来，并且增加了十倍的力量向赫拉克勒斯扑了过来。

经过一番搏斗，赫拉克勒斯再次将安泰俄斯打倒了。可是，接触地面的安泰俄斯再次从大地母亲那里汲取了更多的力量，又一次站了起来，重新和赫拉克

《赫拉克勒斯和安泰俄斯》（Hercules and Antaeus），青铜雕像，高 46 厘米（包括基座），安东尼奥·波拉约洛（Antonio del Pollaiuolo，1441—1496）创作于公元 1475 年，现收藏于佛罗伦萨国立巴哲罗美术馆。

勒斯纠缠在了一起。经过一番艰苦的战斗,赫拉克勒斯第三次将安泰俄斯打败了。

安泰俄斯满身是伤地趴在地上,动弹不得。可是,赫拉克勒斯很快发现,安泰俄斯身上的伤瞬间就奇迹般地复原了,他很快便站了起来,再一次向赫拉克勒斯挑战。赫拉克勒斯知道安泰俄斯的秘密了:他无穷的力量来自大地的给予。

这一次,赫拉克勒斯再也没有给他接触大地的机会,他抓住了安泰俄斯,将他高高举到了空中。失去了大地力量来源的安泰俄斯再也无法恢复力气了,赫拉克勒斯轻易地扼死了他,为利比亚的人们除掉了这个祸害。

安泰俄斯是希腊神话故事中著名的巨人,象征着男性的力量。香奈儿还曾经出了一款叫作 Antaeus 的香水,借用的正是男性力量的含意。安泰俄斯的形象在后来的文学作品中经常被引用,但丁在他的《神曲》中,将安泰俄斯说成了守卫地狱第九层的卫兵。

安泰俄斯的故事则告诉我们:力量自有其来源,一旦脱离了基础,就将失去最重要的力量。后来,安泰俄斯也常常被用来比喻精神力量不能脱离物质基础,或一个人不能脱离他的祖国和人民。海涅在他的《论浪漫派》中,就曾用安泰俄斯来举例:"巨人安泰俄斯只有在脚踏着母亲大地时,才坚强无比,不可征服,一旦被赫拉克勒斯举到空中,便失去力量,同样,诗人也只有在不离开客观现实的土壤时,才坚强有力,一旦昏昏沉沉地在蓝色太空中东飘西荡时,便变得软弱无比。"

赫尔墨斯
（Hermes）
——欺骗

泰坦神阿特拉斯有七个女儿，它们住在阿耳卡狄亚地区的库勒涅山，都是山林女神。其中，年龄最大、长得最美的叫作迈亚。因为长相美丽，她被天神之王宙斯看上了。宙斯在库勒涅山的山洞里诱奸了迈亚，不久，她便生下了一个叫作赫尔墨斯的男孩。

赫尔墨斯才出生不久，就趁母亲不在的时候，从摇篮中跑了出来。在洞口，他看到了一只巨大的乌龟，便杀死了乌龟，用乌龟的壳、三根树枝和几根弦做成了世界上第一把七弦琴。后来，他又跑到皮埃里亚山谷，从他哥哥阿波罗的牛棚里偷走了五十头牛。为了不让阿波罗顺着牛的足迹找到牛，赫尔墨斯还在牛脚上绑上树枝和苇草，这样，当牛走路的时候，身后的苇草就会抹掉牛脚印。他为了不让别人发现自己的脚印，还故意穿了一双大草鞋，好让别人认为是大人的足迹。

赫尔墨斯与智慧女神雅典娜。

在路上，赫尔墨斯遇到了一位老人，就送给老人一头牛，嘱咐老人不要透露自己的行踪。随后，赫尔墨斯将牛赶到了远处的一个牛棚里，杀了两头牛，将它们献祭给了神，随后又将牛肉吃了，然后回到了他和母亲所住的山洞里，呼呼大睡起来。

阿波罗发现自己的牛少了五十头，怒气冲冲地到处寻找。他遇到了赫尔墨斯曾经遇过的那位老人，老人并没有替赫尔墨斯隐瞒，告诉了阿波罗他曾经带牛经过的事实。阿波罗立刻找到了赫尔墨斯居住的山洞，向赫尔墨斯的母亲迈亚讨取自己的牛。

听到阿波罗的质问，迈亚非常惊讶，她指着睡着的赫尔墨斯的摇篮说："怎么可能呢？这刚刚出生的孩子，怎么能够偷走你的牛呢？不相信的话，你可以自己找找,看能不能找到你的牛。"阿波罗立刻在山洞里搜索起来,但怎么也找不到自己的牛。

"你这狡猾的小偷,再不肯老实承认,我就把你从山谷的裂口,丢到地狱去!"阿波罗对着赫尔墨斯大叫起来,"你别想骗我。"可是,赫尔墨斯始终都不承认是自己偷了牛。阿波罗没找到证据,他将赫尔墨斯带到了宙斯的面前,请宙斯来判断是非。

阿波罗对宙斯说:"父亲,这个婴儿,别看他还小,他的头脑却连大人也不及呢!他把我的五十头牛不知藏到哪里去了。如果不是一个老人告诉了我,老实说,我还不知道这群牛到底是谁偷的。求求父亲,让他把牛还给我。"

宙斯看着这褓褓里的小小婴儿,问:"你是在什么地方捡到这个孩子的?为什么我也未曾见过他。"听到宙斯的话,赫尔墨斯立刻回答说:"父亲,还有在座的众神们,请听我讲句话,我叫赫尔墨斯,我的母亲是山林女神迈亚,请你们承认我。众神之父,像我这样小的孩子,难

太阳神阿波罗。

道有本领赶走五十头牛?我还摸不到牛鼻子呢!"

"好了,"宙斯什么都明白了,他笑着说,"这种小孩子吵架,用不着我来判定,你们还是自己解决吧!赫尔墨斯,你帮着你哥哥去找他的牛。"

阿波罗只好带着赫尔墨斯离开了宙斯的神殿。

赫尔墨斯知道,总有一天阿波罗会找到这些牛的,而宙斯也不肯庇护自己,于是,他向阿波罗承认了偷牛的事实。在阿波罗大发雷霆之前,他拿出那用龟壳做成的七弦琴,将它送给了阿波罗,希望能求得阿波罗的原谅。阿波罗见那竖琴音色优美,非常喜欢,很高兴地收下了,也原谅了赫尔墨斯的行为。

赫尔墨斯是希腊神话中的商业之神、畜牧之神、行路者的保护神、魔法的庇护者,他聪明狡诈,也被视为欺骗之术的创造者。据说,他曾经偷走过宙斯的令牌、波塞冬的三叉戟、阿波罗的金箭、阿尔忒弥斯的银弓与阿瑞斯的宝剑。

因为被视为欺骗的代名词,赫尔墨斯在伊索寓言中还曾经被嘲笑:赫尔墨斯想知道他在人间受到多大的尊重,就化作凡人,来到一个雕像者的店里。他看见宙斯的雕像,问道:"这个值多少钱?"雕像者说:"一个银元。"赫尔墨斯又笑着问道:"赫拉的雕像值多少钱?"雕像者说:"这个比较贵一点。"赫尔墨斯又指着自己的雕像问道:"这个多少钱?"雕像者说:"如果你买了那两个,这个就送你!"

潘神的迷宫
(Pan's Labyrinth)
——逃避到梦境

1944 年,"二战"期间的西班牙仍然笼罩在佛朗哥法西斯独裁政权的阴霾之下,军队四处搜捕屠杀共产党员和民主人士。12 岁的奥菲莉亚跟着身怀六甲的母亲卡门,去西班牙北部与继父维达会合。而她的继父维达是负责在西班牙北部镇压、逮捕当地游击队的法西斯军官,是个残暴的家伙,他接卡门母女同住,不过是为了确保卡门顺利生下自己的继承人。

母亲一直只能卧床休息,继父和其党羽每天以杀人为乐,这让敏感的奥菲莉亚感觉孤独而痛苦,她开始沉浸于幻想之中,聊以自慰。

在来找继父的路上,奥菲莉亚曾经遇见了一只竹节虫似的精灵,精灵随着她一直到了住地。晚上,精灵带领她到磨坊旁边的一个迷宫中,据说,这个迷宫是传说中的冥界之神为他留在人间的女儿留下的入口。在这里,奥菲莉亚见到了迷宫的守门人,长着山羊犄角和透明眼珠的半兽人潘神。

潘神告诉奥菲莉亚,她其实是冥界之神走失的女儿,要重回她的王国,奥菲莉亚必须在迷宫接受三个挑战。潘神给了奥菲莉亚一本书,让她一个人照着书上所说的完成任务。

第一个任务是解救一棵古树,因为有一只古蟾住在树的根部,让这棵树开不了花,奥菲莉亚要让古蟾吃下潘神给她的魔法石,将古蟾中的秘密钥匙拿出来。尽管弄脏了衣服,奥菲莉亚还是完成了任务。

第二个任务是要用潘神给的粉笔画一个门,门后会有丰盛的大餐,但不能吃,必须在沙漏漏完之前,到门后的一个小房间里拿到东西回来。可是,这次奥菲莉亚没有抵抗住美食的诱惑,她在桌上的美食中拿了两颗葡萄,因此被房中的怪物发现,在牺牲了潘神的两个精灵宠物之后,逃了出来。

奥菲莉亚的失败让潘神大失所望,决定离开她。此时,奥菲莉亚的母亲难产而死,只留下了新生的婴儿。母亲去世,奥菲莉亚没有了牵挂,准备逃走,却被抓了回来。

潘神。

潘神再次回来找到了奥菲莉亚,答应再给她一次机会,但要求奥菲莉亚用她弟弟纯洁的血打开通往冥界的大门。善良的奥菲莉亚拒绝伤害自己的弟弟,潘神失望地走了。这时,继父找了过来,抱走了小婴儿,一枪打死了奥菲莉亚。

走出迷宫的继父被游击队员包围了,他将婴儿交给一个曾经伪装成他的仆人的女游击队员后,被游击队杀死了。

而此时,奥菲莉亚的血开启了冥界的大门,她的灵魂回到了冥界之神的身边。原来,对弟弟生死的选择只是冥界之神和潘神对她的考验。现在,身为公主的她在地底下幸福地生活着,而在现实世界里,她的身体已逐渐冰冷。

《潘神的迷宫》是一部魔幻现实主义的佳作,它将残酷的现实与光怪陆离的幻想世界连接起来,以幻想世界衬托现实世界的残酷与黑暗,而它们之间的联系,靠的正是潘神这个神话中的人物。

潘神是传说中的牧神,照顾牧人和猎人,但是他的形象也被视为恶魔的形象,是恐慌与噩梦的代表。在后来的传说中,他也被视为帮助孤独的航行者驱逐恐怖的神,是一个引导者的形象。这也正是这部作品选择他作为引导者的原因,他代表恐惧,但同时也代表对抗恐怖,他代表噩梦,但同时也带领人们逃避到梦境。

美杜莎
（Medusa）
——可怕与丑陋

　　希腊半岛西部有个叫作阿戈斯的国家，国王亚克里修斯有个女儿叫达娜，达娜生得十分美貌，深得父亲的疼爱。但有一次亚克里修斯在特耳菲神庙祭祀的时候，得到了太阳神的神谕，说他会死在自己外孙的手中。

　　为了不让神谕成真，国王建造了一座青铜制成的高塔，将达娜关在里面，高塔下有人把守，不准任何人接近，以免女儿会结识男人，生下孩子。高塔高耸入云，被高居天上的宙斯发现了，他看到独居塔内、美丽非凡的达娜，立刻心动，便化作一道金雨，从高塔唯一的窗子落了进去，与达娜相见。

　　达娜与宙斯陷入了爱河，十个月之后，她生下了一个健康的男婴，并为他取名叫柏修斯，意即金光闪闪。

　　亚克里修斯这时才知道自己的外孙已经诞生了，他大惊失色，但看到疼爱的女儿和可爱的外孙，无论如何也无法痛下杀手。于是，他命人将达娜母子放进一个大木箱中，将箱子丢进了海里，任他们母子自生自灭。

　　海浪汹涌，但达娜母子有神的庇护，一直未被海水吞没。木箱随着海水漂流到了一个叫作塞浦路斯的岛上，被国王波利得特克斯的弟弟迪克提斯救了起来。迪克提斯见柏修斯聪明可爱，便收他为养子。

　　在达娜和迪克提斯的精心照料下，柏修斯长成了一个俊美勇敢的少年。国王波利得特克斯早就看上了美丽的达娜，想要娶她为妻，可是达娜以要抚养柏修斯为由拒绝了他，所以他一直视柏修斯为眼中钉。看到长大成人的柏修斯，波利得特克斯心中越发妒恨。

　　一天，在波利得特克斯的生日宴会上，波利得特克斯大宴皇室贵族，他刻意邀请柏修斯赴宴，想要找机会奚落他。恰好柏修斯是空手赴宴，波利得特克斯便大肆奚落柏修斯，被激怒的柏修斯于是开口承诺，无论国王想要什么东西，他都会取来送给国王作为生日礼物。

　　柏修斯的话正中波利得特克斯下怀，于是他故意说，要蛇发女妖美杜莎的头颅。年轻好胜的柏修斯完全不知道美杜莎的可怕，一口答应了波利得特克斯，说会为他取回美杜莎的头颅。

柏修斯害怕母亲担心，便不辞而别，偷偷离开了塞浦路斯，前去寻找传说中的美杜莎。

美杜莎是百怪之父福耳库斯和海妖刻托的女儿，她原本是一个美丽的少女，海神波塞冬被她的美貌所吸引，与她在雅典娜的神庙里交合，没想到激怒了身为处女神的雅典娜。为了惩罚她，雅典娜将她的头发变成了盘绕扭动的蛇，而凡是看到她眼睛的人，都会变成石头。

柏修斯一路寻找美杜莎到了海边。为了帮助他，雅典娜变幻成一个老渔夫，现身告诉柏修斯，要打败美杜莎，必须先找到三位灰娘，只有她们才知道美杜莎在什么地方，以及如何杀死她。她还送了柏修斯几件宝物：神使赫尔墨斯的一双可以飞天的鞋，冥神哈迪斯的戴上便可以隐身的帽子，一个能随意伸缩、任何猛兽都咬不穿的皮袋，一把削铁如泥的钻石宝剑，以及自己的盾牌。

柏修斯按照雅典娜的指点找到了灰娘居住的岛屿。灰娘三姐妹是三个苍老的妇人，她们三人轮流共享一只眼睛，谁使用那只眼睛的时候，另外两个人就无法看见任何东西。柏修斯偷偷在灰娘身边躲起来，趁其中一个人将眼睛取下来交给另一个人时，将眼睛抢了过来。他威胁灰娘说，如果不告诉他美杜莎的住所和杀死她的办法，他就将这唯一的眼睛踩碎，让她们再也看不到东西。迫于无奈，灰娘只好

柏修斯割下美杜莎的头颅。

向他泄露了美杜莎的居所，并告诉他，如果从镜子里去看，就不会被美杜莎的眼睛变成石头。

按照灰娘的指点，柏修斯找到了美杜莎居住的岛屿。他不直接看美杜莎的眼睛，而用雅典娜的盾牌映出她的正确位置，并趁着她熟睡的时候，慢慢背对着靠近美杜莎，用宝剑砍下了她的头颅。随后，他戴上隐身帽，穿上飞天鞋，带着美杜莎的头颅，顺利地离开了。

在塞浦路斯，波利得特克斯正在和大臣们宴饮，突然看到柏修斯平安归来，简直难以置信，便指责柏修斯根本没能杀死美杜莎，只是吓得逃回来而已。

柏修斯打开了随身的皮袋，拿出美杜莎的头颅，说："如果你们不相信，便用双眼看清楚吧！"波利得特克斯他们都看了过来，无一例外地全被变

成了石头。

在整个希腊神话中,美杜莎是形象最可怕的一个,她的头发全是由不断蠕动的海蛇组成的,她的头上和脖子上布满鳞甲,还长着野猪的獠牙,让人不寒而栗。更令人感到恐惧的是,只要看到她的眼睛,就会被变成石头。

因为她的形象如此丑陋而令人心生恐惧,所以常常被艺术家们用在象征性的徽章、建筑的装饰物,甚至钱币上。在她死后,雅典娜将她的头颅放在了自己的盾牌和胸甲的中央,因此,后来很多军队都将她的形象放在了士兵的盾牌上,一则希望得到战争女神雅典娜的眷顾,二则因其丑陋的面容和石化的能力,希望用来震慑敌军。

米达斯的手指
(Midas Touch)
——点石成金

米达斯是弗里吉亚国王戈耳狄俄斯和女神库柏勒的儿子,也有一种说法,说是他们收养的孩子。在米达斯还是婴儿的时候,就有蚂蚁向他的嘴里搬运食物,有人说,这预示着他将来必然会成为巨富。

长大后的米达斯继承了弗里吉亚的王位。

弗里吉亚是著名的玫瑰花国度,国内种植着闻名遐迩的玫瑰花,国王米达斯是个出色的花匠,拥有全世界最美丽的玫瑰园。

有一天,米达斯的仆人在花园里抓住了一个酒醉的秃顶老人。这个老人有一个肥厚的鼻子、一副大胡子以及两只公猪耳朵,他喝得醉醺醺的,说着让人无法理解的醉话。

人们将他绑了起来,送到了国王面前。

米达斯看到这位老人,立刻认出了他。原来,这个老人正是酒神狄俄尼索斯的养父西勒诺斯,米达斯曾经在酒神节上见过他。米达斯赶紧命令人们给西勒诺斯松绑,将他请到贵客的位子上,命人送上美食佳酿,盛情款待。

米达斯招待西勒诺斯的宴会举行了十天十夜。到了第十一天,酒神狄俄尼索斯来到了米达斯的玫瑰园,看到米达斯对自己的养父如此恭敬殷勤,非常高兴,他向米达斯承诺,可以实现他的一个愿望,以回报他对自己养父的款待。

米达斯大喜过望,他想了一会儿,向狄俄尼索斯请求说:"我希望拥有一种能力,只要我手指碰到的东西,都会变成金子。"狄俄尼索斯答应了他的请求,给了他点石成金的手指,就带着西勒诺斯离开了。

米达斯万分兴奋,他第一时间伸出手去触碰自己面前的酒杯,酒杯立刻变成了黄金的;他伸出手碰了碰玫瑰园里盛放的玫瑰,玫瑰花立刻变成了黄金玫瑰,金色的玫瑰花瓣闪耀着夺目的光泽;他不断地在宫殿里使用着自己点石成金的能力,将他碰到的物品一一变成了黄金。

米达斯向酒神狄俄尼索斯提出自己的愿望。

最初的兴奋过后,米达斯从自己的新能力中冷静下来,他感觉到饿了,便命令仆人送上了食物。可是,当他一触碰到盘中的面包的时候,面包立刻变成了黄金面包,根本无法食用。

米达斯现在发现,自己的这项能力可能会成为一个巨大的灾难,他开始惊慌起来,不知如何是好。就在这时,米达斯年幼的小女儿走了过来,扯着父亲的衣角,想要父亲抱她。看到自己可爱的小女儿,米达斯本能地抱起了她,他的手指触碰到了女儿的肌肤,柔软细嫩的肌肤立刻变成了硬邦邦冷冰冰的黄金,整个人也变成黄金雕像了。

现在,米达斯更加懊悔他的选择了。他跪了下来,哭泣着向狄俄尼索斯祷告:"我错了,黄金根本比不上我的孩子重要,它不能替代真实的东西,求你收回这黄金手指,将我的孩子还给我!"

狄俄尼索斯听到了米达斯的祈求,知道他已经理解了财富的意义,答应了他的请求。他让米达斯前往帕克托罗斯河洗澡,米达斯照着做了,当他的手触碰到水面时,河水里的沙子立刻变成了黄金,随后,他的能力也消失了,他的小女儿也恢复了原样。

从此以后,米达斯就开始憎恨一切财富。

米达斯后来又受到了太阳神阿波罗的捉弄,长出驴耳朵。图中,太阳神阿波罗和牧神潘比赛音乐,长出驴耳朵的米达斯站在旁边。

米达斯的故事告诉我们,人不要太过贪婪,人生中有比金钱更重要的东西。不过,米达斯的故事后来生成了一个典故,叫米达斯的手指(Midas Touch),即点石成金、化腐朽为神奇,非常善于生财的意思。Midas Touch 这个词经常会被用来形容那些善于理财的大师,比如股神巴菲特,就被人夸赞有米达斯的手指。

月桂

（Laurel）

——荣耀

太阳神阿波罗是天神宙斯和泰坦勒托的儿子，主宰光明、文艺和医药。大洪水过后，地上出现了一条巨大的毒龙，四处劫掠，吞食了不少的人畜。人们祈求阿波罗为民除害，杀掉这可怕的毒龙。阿波罗答应了人类的请求，他举起自己的神弓，轻轻松松就射死了毒龙，解除了人们的灾难。

射死毒龙后的阿波罗回到了奥林匹斯山，在路上，他遇见了小爱神厄洛斯。厄洛斯正在摆弄自己的小小弓箭。阿波罗看见那细小的弓箭，就取笑他说："小朋友，这么小的箭是射不死人的，收起你那小孩子的玩意儿吧！你看看我的弓箭，只有这样的弓箭才能杀死凶猛的野兽。我刚刚就射死了一条毒龙，那毒龙大得你只要看到它就会被吓呆的。虽然你会用这张小弓箭煽起情人们心中的爱火，不过，我觉得有些夸张。"

看见阿波罗那得意扬扬的样子，厄洛斯非常恼火，他说："阿波罗，你别夸夸其谈，当心我的箭射中你。咱们走着瞧，看看到底谁的箭更厉害。"说完，他拿出了一支金子做成的箭，张开弓，将金箭射向了阿波罗的心脏。随后，他又拿出了一支铅做成的箭，看到河神珀纽斯的女儿、可爱的水泽仙女达芙妮正在河边玩耍，便搭上弓，向达芙妮的心射去。

原来，那金子做的箭是爱神之箭，被射中的阿波罗立即燃起热烈的爱火，爱上了他第一眼看中的达芙妮。可是，那铅做的箭却会令人厌恶爱情，现在的达芙妮，根本不可能接受任何人的爱情了。阿波罗的爱意越旺盛，达芙妮就越反感。

阿波罗不由自主地向达芙妮靠近，想要亲近这位可

小爱神厄洛斯制弓。

爱的女神，但达芙妮并不愿意他亲近自己，大声让他走开，自己像只羚羊一般向山谷中逃去。阿波罗在她身后追赶，并且大声叫喊："美丽的女郎，请你不要害怕，不要这样跑着躲避我。羊在狼前逃跑，鹿在狮子前逃遁，鸽子鼓着双翅急急地躲开鸷鹰的利爪，都是因为惧怕要吞食它们的敌人。可是我是为了爱你呀！我怕你的嫩足为荆棘所伤，我怕你失足跌在崎岖不平的石头上，你跑慢一点吧！我也慢慢地追。你知道爱你的人是谁吗？我不是乡野村民，也不是看守牛羊的牧人，宙斯是我的父亲，我本人是歌舞文艺之神和太阳神，阿波罗是我的名字，许多地方的人民崇敬我。唉！我能给世人神谕，对自己爱情的前途却一无所知；我的箭百发百中，可是却被一支更加厉害的箭射伤；我掌管医药，熟知百草的疗效，可是却没有一种药能治愈我的病痛……"

　　达芙妮无法解释自己心中的厌恶之情，只是本能地想要离开，但她根本跑不过阿波罗，眼见阿波罗越追越近，她不由得大声向父亲呼救："父亲，快帮帮我，让大地裂开把我吞进去吧！或者改变我身体的形状，避开阿波罗可怕的爱。"

这幅《阿波罗与达芙妮》是法国浪漫主义画派画家泰奥多尔·夏塞里奥的作品。

　　她的父亲，河神珀纽斯听到了女儿的呼救，将她变成了一棵月桂树。大地裂开来，她的两腿陷入大地，成为扎入地下的树根，她的手臂变成了树枝，她的头发变成了浓密的树叶。

　　追赶上来的阿波罗看到这样的情景，伤心地抱着树干哭泣，他对月桂树说："你虽然没能成为我的妻子，但是我会永远爱着你。我要用你的枝叶做我的桂冠，用你的木材做我的竖琴，并用你的花装饰我的弓。同时，我要赐你永远年轻，不会老。"

　　从此之后，月桂树就成为阿波罗最喜爱的树。

　　因为阿波罗的恩赐，月桂树终年常青。后来，阿波罗还将月桂树的树枝做成花冠，作为最高的荣耀，授予那些建功立业的人。而作为文艺的主宰，阿波罗也赐给出色的诗人们"桂冠诗人"的嘉奖。

　　此后，人们开始模仿阿波罗的行为，为那些战后胜利归来的英雄们，以及在比赛中获胜的优胜者们，戴上月桂做成的花冠。所以在英文当中，Laurel也就多了一个表示荣耀的含意，而那个花冠，也被叫作桂冠。

第 II 章

上帝之手

——来自《圣经》的典故

伊甸园
（Garden of Eden）
——乐园

　　耶和华创造了天地之后，觉得寂寞，便用地上的尘土造了一个人，耶和华将生命吹在他的鼻孔里，让他成为有灵气的活人，并给他取名叫作亚当（意即人）。为了安置亚当，耶和华在东方的伊甸建造了一个园子。

　　园子里有各种的树木从地里长出来，开满各种奇花异卉，非常好看；树上的果子还可以作为食物；院子里还有生命树和分别善恶的树。耶和华又让河流从伊甸园里流出来，滋润着园子，河水从伊甸园分为四条：第一条河叫比逊河，环绕哈腓拉全地，那里有金子、珍珠和红玛瑙；第二条河叫基训河；第三条河叫底格里斯河，从亚述的东边流过；第四条河就是幼发拉底河。

　　后来，耶和华觉得亚当一个人在伊甸园里太过寂寞，说："那人独居不好，我要为他造一些生灵帮助他。"于是，耶和华用土制造成野地里各式各样的走兽和天空中各式各样的飞鸟，都带到亚当的面前。耶和华看亚当怎样称呼这些活物，那就成为了它们的名字。亚当给空中的飞鸟、野地的走兽都取了名字，但是他还是没有配偶来帮助他。耶和华便让亚当陷入了沉睡，当他睡着时，耶和华从他身上取下了一条肋骨，造成了一个女人，带她来到了亚当的面前。

希罗尼穆斯·波希所描绘的伊甸园。

　　亚当看到这新诞生的女人，说："这是我骨中的骨，肉中的肉，可以称她为女人，因为她是从男人身上取出来的。"因此，人要离开父母和妻子结合，二人成为一体。夫妻二人，就算赤身露体在一起，也不会觉得羞愧，因他们原本就是一体的。亚当给这新诞生的女人取名叫夏娃，因为她是众生之母。

米开朗琪罗的《创造亚当》，属于西斯廷礼拜堂壁画《创世纪》的一部分。

就这样，亚当和夏娃在伊甸园里无忧无虑地生活着，品尝着园内甘美的果实，欣赏着园中的佳树、田野的鲜花、天空的飞鸟和野地的走兽，履行修理看守的职责。

伊甸园，曾经是人类始祖生活的乐园。那里没有杀戮，没有饥荒，没有地震、洪水，有的只是丰盛的食物，被奇花异草装饰的美丽风景，不被打扰的宁静生活。然而有一天，亚当和夏娃被赶出了伊甸园，在大地之上，他们必须辛苦地求生，面对野兽的侵扰，面对各种天灾，开荒、耕种，才能获得基本的生活所需。

也许正是因为如此，才让人们如此地怀念伊甸园，人们在不断的想象中将它描述成了天堂，因为它已经成为人类永远无法回去的地方。不论是弥尔顿还是渡边淳一，所感慨追逐的，都是人类真正的乐园——伊甸园。

被咬过的苹果
（Apple）
——诱惑

亚当和夏娃在伊甸园里过着幸福甜蜜的日子，无忧无虑。耶和华嘱咐亚当说："园中各样树上的果子，你可以随意吃，只是分别善恶树上的果子，你不可吃，因为你吃的日子必定死。"亚当和夏娃一直遵守着耶和华的叮嘱，从来不去碰分别善恶树上的果子。

然而，耶和华用土所造的活物当中，只有蛇最狡猾。蛇对夏娃说："神岂是真说不许你们吃园中所有树上的果子吗？"夏娃告诉它："园中树上的果子，我们可以吃，唯有园当中那棵树上的果子，神曾说：'你们不可吃，也不可摸，免得你们死。'"蛇对女人说："你们不一定死。因为神知道，你们吃的日子眼睛就明亮了，你们便如神能知道善恶。"夏娃见那棵树上的果子生得异常好看，又可以食用，非常喜爱，听说它能使人有智慧，就摘下果子来吃了，又将那果子也给了她丈夫亚当吃了。亚当吃的时候，因为太过紧张害怕，有一块果肉卡在了喉咙，后来就变成了男人的喉结。所以喉结一词也叫 Adam's Apple（亚当的苹果）。吃过果子，他们两人的眼睛都亮了起来，这才知道自己是赤身裸体的，他们便拿来无花果树的叶子，为自己做成衣服穿起来。

在蛇的诱惑下，亚当和夏娃偷吃了禁果，被逐出伊甸园。

天刮起了凉风，耶和华在园子里行走。亚当和夏娃听见神的声音，就藏到园里的树木中去了，躲着耶和华。耶和华呼唤亚当，问他："你在哪里？"亚当说："我在园中听见你的声音，我就害怕，因为我赤身露体，我便藏了。"耶和华说："谁告诉你赤身露体呢？莫非你吃了我吩咐你不可以吃的那树上的果子吗？"亚当说："你所赐给我、与我同居的女人，她把那树上的果子给我，我就吃了。"耶和华便问夏娃："你作的是什么事呢？"夏娃说："那蛇引诱我，我就吃了。"

耶和华非常生气，他对蛇说："你既作了这事，就必受咒诅，比一切的牲畜野兽更甚。你必用肚子行走，终身吃土。我又要叫你和女人彼此为仇；你的后裔和女人的后裔也彼此为仇。女人的后裔要伤你的头，你要伤他的脚跟。"

说完，耶和华又转头对女人说："我必多多增加你怀胎的苦楚，你生产儿女必多受苦楚。你必恋慕你丈夫，你丈夫必管辖你。"然后对亚当说："你既听从妻子的话，吃了我所吩咐你不可吃的那树上的果子，地必为你的缘故受诅咒。你必终身劳苦，才能从地里得吃的。地必给你长出荆棘和蒺藜来，你也要吃田间的菜蔬。你必汗流满面才得糊口，直到你归了土，因为你是从土而出的。你本是尘土，仍要归于尘土。"

耶和华又说："那人已经与我们相似，能知道善恶。现在恐怕他伸手又摘生命树的果子吃，就永远活着。"于是，耶和华把亚当和夏娃赶出了伊甸园，让他们去耕种自己的土地，又在伊甸园的东边安设基路伯和四面转动发火焰的剑，把守着通往生命树的道路。

从此，亚当和夏娃再也不能回到伊甸园了。

在《圣经》中，亚当和夏娃受了蛇的诱惑，吃了善恶树上的果子，结果导致人类被逐出了伊甸园。这个被咬过的苹果，也就成了诱惑的象征。

因为希腊神话中帕里斯金苹果的故事，人们习惯性地将伊甸园中的果子也当作了苹果，再加上在拉丁语中，"苹果"与"罪恶"非常相似，所以也导致人们将苹果视为伊甸园的"禁果"。

到了今天，这被咬了一口的苹果变得更加家喻户晓，它静静地躺在各个电子设备的背后，安静地昭示着它最引以为豪的魅力：这是你无法抵挡的诱惑。就好像当年人类的祖先亚当和夏娃无法抵挡果子的诱惑一样，今天的人类后裔，同样难以抵挡苹果的诱惑。

该隐
（Cain）
——弑亲者

亚当和夏娃被逐出伊甸园之后，在大地上定居下来。

一日，夏娃怀孕产下了一个男孩。

亚当说："耶和华使我得了一个男子。"于是，他给他的第一个孩子，也是人类的第一个孩子取名叫作该隐，意即"得"。

没过多久，亚当和夏娃又生下了他们的第二个孩子，亚伯，意即"虚空"。

该隐负责种田，亚伯负责牧羊。

有一天，他们向耶和华献祭。该隐拿出了田里出产的果子作为贡品，献给耶和华；亚伯把羊群里头生的羊和羊的油脂献上。

在两人的贡品中，耶和华看中了亚伯和他的供物，没有看中该隐和他的供物。

该隐杀害了亚伯。

看到耶和华没有选择自己，该隐心中大大不悦，脸色也变了。耶和华注意到了该隐的不满，对该隐说："你为什么发怒呢？你为什么变了脸色呢？你若行得好，岂不蒙悦纳？你若行得不好，罪就伏在门前。它必恋慕你，你却要制伏它。"

可惜的是，该隐并未听进耶和华的劝诫。

一天，该隐与亚伯在田间说话时，该隐忽然暴怒殴打亚伯，并把他杀害了。

耶和华察觉到了该隐的暴行，他问该隐说："你兄弟亚伯在哪里？"该隐回答说："我不知道！我岂是看守我兄弟的吗？"

耶和华又说："你作了什么事呢？你兄弟的血有声音从地里向我哀告。地开了口，从你手里接受你兄弟的血。现在你必从这地受咒诅。你种地，地不再给你效力，你必流离飘荡在地上。"

该隐向耶和华求情说："我的刑罚太重，过于我所能当的。你如今赶逐我离开这地，以致不见你面。我必流离飘荡在地上，凡遇见我的必杀我。"

仁慈的耶和华接受了该隐的请求，他对该隐说："凡杀该隐的，必遭报七倍。"他还给该隐立了一个记号，以免其他人误杀了他。

于是，该隐离开了耶和华，前往了伊甸园东边的挪得之地，从此再也不见耶和华了。

该隐是人类生育的第一个孩子，而他还有一个著名的代称——弑亲者。他是人类历史上，第一个杀死自己亲人的人，承担着原始的血罪。他犯下了不能为神所原谅的罪恶，遭到了神的放逐。

约瑟的彩衣
（Joseph's Coat of Many Colours）
——宠爱的标志

雅各住在迦南地，就是他父亲寄居的地。

约瑟这时十七岁，是雅各的小儿子，和哥哥们在一起牧羊。

雅各爱约瑟胜过爱他的其他孩子，因为约瑟是在他年老时才出生的。他给约瑟做了一件彩衣，其他的孩子都没有。约瑟的哥哥们见父亲爱约瑟胜过爱他们，心中嫉恨约瑟，常常斥责他。

一天，约瑟做了一个梦，他将梦的内容告诉了哥哥们："我梦见我们在田里捆禾稼，我捆的禾稼排排站着，你们的禾稼都围着我的禾稼下拜。"他的哥哥们回答说："难道你要做我们的王，管辖我们吗？"因为这个梦，哥哥们越发恨约瑟了。

后来，约瑟又做了一个梦，他又告诉了哥哥们："看哪，我又做了一个梦，梦见太阳、月亮和十一个星向我下拜。"他还把梦的内容告诉了父亲雅各，雅各责备他说："你做的这是什么梦？难道我和你母亲、你兄弟果然要来俯伏在地，向你下拜吗？"虽然如此说，但父亲把他说的话记在了心里。

约瑟的哥哥们去示剑放羊，父亲就对约瑟说："你的哥哥们在示剑放羊，我要你去他们那里，看看哥哥们是否平安，羊群是否平安，回来报信给我。"约瑟便出了希伯仑谷，往示剑去了。

约瑟在田野中迷了路，有人遇见他，就问他在找什么，他说："我在找我的哥哥们，求你告诉我，他们在何处放羊？"那人说："他们已经走了，我听说他们要往多坍去。"约瑟便去追赶哥哥们，在多坍遇见了他们。

哥哥们远远地看见了约瑟，说："那个做梦的来了。"趁他还没有走到跟前来，几个兄弟就密谋要害死他，"来吧！我们将他杀了，丢在一个坑里，就说有恶兽把他吃了。我们且看他的梦将来怎么样。"

流便听见了，想要救他，说："我们不可害他的性命，让他流血。我们可以把他丢在这野地的坑里，但不可下手害他。"

约瑟到了他哥哥们那里，他们剥了他的外衣，就是他穿的那件彩衣，把他丢在一个大坑里。那坑是空的，里头没有水。

哥哥们坐下吃饭，看见有一伙米甸的以实玛利人从基列来，用骆驼驮着香料、乳香、没药，要带到埃及去。

犹大就对众弟兄说："我们杀我们的兄弟，藏了他的血有什么益处呢？不如将他卖给以实玛利人，不要下手害他。因为他是我们的兄弟，我们的骨肉。"众弟兄于是听从了他的话。

有些米甸的商人从那里经过，哥哥就把约瑟从坑里拉上来，以二十舍客勒银子的价格，把约瑟卖给了以实玛利人。

这样，约瑟就被带到埃及去了。

约瑟到了埃及后，被卖给了法老的内臣、护卫长波提乏。

流便回到坑边，见约瑟不在坑里，就撕裂衣服，回到兄弟们那里，说："弟弟不见了，怎么办才好呢？"大家商量后便宰了一只公山羊，把约瑟的那件彩衣染了血，打发人送到父亲那里，说："我们捡到了这个。请认一认是你儿子的外衣吗？"

父亲认出了他亲手为约瑟做的衣服，就说："这是我儿子的外衣。有恶兽把他吃了，约瑟被撕碎了！撕碎了！"雅各说完便撕裂衣服，腰间围上麻布，为他儿子悲哀了多日。

因为约瑟拥有一件父亲亲手制作的彩衣，原本彩衣应该是王子或是家中的长子才能穿着的，所以遭到了哥哥们的嫉妒。不过，他后来在埃及当上了宰相，与兄弟相认，与其兄弟一起被视为以色列十二列祖之一。

在《圣经》中，约瑟曾经有四件标志性、隐含深意的衣服，分别是彩衣、血衣、囚衣和细麻衣，各有其象征。其中，彩衣是他独有的，也是区别于众兄弟、他备受宠爱的标志。因此，约瑟的彩衣也就成了宠爱以及荣誉的象征。

曼德拉草
（Mandrake）
——巫术药剂

在霍格沃茨的植物课上，哈利·波特他们需要学会给曼德拉草换盆。这种草长着绿中带紫的叶子，看上去很普通，但当你拔起它时便会发现，它的根并不是普通的草根，而是一个非常难看的婴儿。它的皮肤是浅绿色的，上面斑斑点点，当你拔起它，它会扭动着身体，两脚乱蹬，挥着尖尖的小拳头，咬牙切齿，一旦离开泥土便开始扯着嗓子大喊大叫。

而这只是曼德拉草的幼苗，它们的哭声会令人昏迷几个小时，但如果它长大了，哭声则会令人致死哟！不过，它的根还是一种强效恢复剂，能够使被变形的人或中了魔咒的人恢复到原来的状态，在《哈利·波特2：消失的密室》中，正是它让

高更名作——《雅各与天使搏斗》

看到蛇影后石化的学生恢复正常的。

不过,这种曼德拉草并非J.K.罗琳的创造,而是现实生活中真实存在的植物。

《圣经·创世纪》就已经记载了它的存在:割麦子的时候,流便往田里去,看见了风茄,便拿来给他母亲利亚。拉结看到了,便对利亚说:"请你把你儿子的风茄给我一些吧!"利亚并不愿意:"你夺了我的丈夫,还要夺我儿子的风茄吗?"拉结回答她:"为了你儿子的风茄,今夜他可以与你同寝。"到了晚上,雅各从田里回来,利亚出来迎接他,说:"你要与我同寝,因为我是用我儿子的风茄把你雇下了。"那一夜,雅各就与她同寝。

上帝应允了利亚,让她怀孕,给雅各生了第五个儿子。

利亚和拉结是一对姐妹,她们都是雅各的妻子,拉结美貌俊秀,雅各比较偏爱她,耶和华见利亚失宠,便使她生育,给雅各生了五个儿子。而拉结始终未生育,她放弃晚上和雅各同寝的权利,就是为了风茄,因为风茄正是传说中,可以帮助妇女怀孕的植物。

风茄,正是J.K.罗琳笔下的曼德拉草。大约是因为根茎长得似人形,所以曼德拉草被巫师和祭司们用作通灵药物的成分。传说曼德拉草在被拔出时,会发出似人类的尖叫声,令人毛骨悚然。

莎士比亚就曾经让朱丽叶说出了"像曼德拉一样的尖叫刺破天空,那声音使听到的人发狂"这样的话语。

除了助孕和恢复人形之外,人们还给曼德拉草赋予了相当多的能力。有人把它叫作"荣耀之手",认为它能将所有的东西变成两份,它还被当作催情药物或者麻醉剂,它的根被晒干用作护身符或是用作祈求生育的护符。

挪亚方舟
（Noah's Ark）
——救赎

亚当和夏娃由于偷吃了禁果，被上帝逐出伊甸园。此后亚当活了九百三十岁，和夏娃生了很多子孙后代。亚当的后人遍布整个大地。亚当的长子该隐杀死弟弟亚伯，揭开了人类互相残杀的序幕。从此，人类逐渐滋生了仇杀、怨恨、憎恶、掠夺、争斗、嫉妒等暴力和罪恶。这些罪恶年复一年演变增加，达到了无以复加的地步。

上帝对人类的这些罪孽，感到忧伤和愤怒，他后悔创造了人类万物，决定用洪水将这个罪恶的世界冲毁。他站在高空俯瞰人间，自言自语道："我要将所有的人、走兽、昆虫和飞鸟，全部从地上灭除！"

但是，上帝又舍不得将所有的生物毁灭。他希望留下新的人类和物种，让他们认识到自己的罪恶，改过自新，重新建立一个美好、善良的理想世界。

亚当的后裔中，有一个人叫挪亚。挪亚生了三个儿子，名叫闪、含和雅弗。在上帝看来，挪亚是一个"义人"，他品行善良，没有人类那种固有的罪恶。挪亚安守本分，经常告诫周围的人，要及早停止作恶，从罪恶强暴的生活中脱离出来。可是人们对他的劝诫不以为然，照样我行我素，作恶享乐。挪亚眼看感化不了周围的人，只好尽心尽力将自己的三个儿子教育好。三个儿子在挪亚的严格教育下，没有随波逐流误入歧途。

挪亚建造方舟。

在灭除人类和动物之前，上帝决定留下挪亚全家，包括挪亚夫妇二人，和他们的三个儿子、儿媳，让他们肩负起繁衍新人、建立新世界的重任。上帝对挪亚说："现在这个世界败坏了,凡是有气血的人,都成了罪恶的源泉。他们的生命都走到了尽头,我要将他们和大地全部毁灭。你现在就动手,用歌斐木造一个大方舟。"

上帝告诉了挪亚造方舟的办法:方舟要分上、中、下三层,长三百肘,宽五十肘,高三十肘。方舟上边要留透光处,高一肘。方舟的门开在侧边。七天之后,洪水将在大地上泛滥,凡是有血肉、有气息的活物,都要被毁灭。上帝告诫挪亚和他的妻子、儿子和儿媳妇,一同进入方舟躲过劫难。

为了保全物种,建立新世界,上帝叮嘱挪亚说:"洁净的牲畜,每种带上七对公母,不洁净的每种带上一对;空中的飞鸟每种带上七对;地上的昆虫,每种带上一对,留作衍生后代的种子。你要备足粮食,足够你全家和这些动物食用。"

挪亚听了上帝的话,带领全家开始建造方舟。他们走进森林,砍伐了一株最大的歌斐树木,将歌斐木枝桠砍去,按照上帝的旨意,日夜不停地修建方舟。第六天,方舟建成了,挪亚将上帝叮嘱的飞禽走兽、昆虫捉进方舟避难,放入了足够的食物和水;挪亚全家也进入方舟,等待大灾难的来临。

当挪亚六百岁,二月十七日那一天,上帝践行了他的誓言。大渊的泉源都裂开了,天上的窗户也敞开了。四十个昼夜的大雨降落到地上,洪水泛滥在地上四十天,水往上涨,把方舟从地上漂起。水势浩大,水位大大地往上涨,方舟在水面上漂来漂去。洪水在地上极其浩大,天下的高山都被淹没了。水势比山高过十五肘,山岭都被淹没了。凡在地上有血肉的动物,就是飞鸟、牲畜、走兽,和爬行在地上的昆虫,以及所有的人都死了;凡在旱地上、鼻孔有气息的生灵都死了;凡地上各类的活物,连人带牲畜、昆虫,以及空中的飞鸟,都从地上除灭了。最后,整个世界只留下挪亚和那些与他同在方舟里的人类和动物。

水势浩大,洪水在地上一共肆虐了一百五十天。上帝记挂着挪亚和他方舟里的所有飞禽走兽,就叫风吹遍大地,让洪水渐渐退去。大渊的泉源合拢了,天上的窗户也关闭了,水势渐退,七月十七日,山顶都现出来了,方舟停在了亚拉腊山上。挪亚和动物们,都得救了。

上帝制造了一场几乎灭绝整个世界的大洪水,但他却指点人类制造出了生命最后的方舟,保全了生命的火种。挪亚的方舟是人类希望的象征,当人类沉浸在罪恶与败坏中时,是挪亚的正直获得了上帝的怜悯,并最终救赎了自己和整个世界的生物。

鸽子
(Pigeon)
——和平与希望

上帝的怒火引发了大洪水，但幸好有被上帝所看重的挪亚，他的方舟挽救了人类和动物。洪水渐渐退去，山顶都现出来了。

过了四十天，挪亚打开了方舟的窗户，放出一只乌鸦出去探路。那乌鸦飞来飞去，寻找了很久，却没能找到一块陆地。于是，挪亚又放出了一只鸽子，要看看水从地上退了没有，鸽子飞了很远很远，但到处都是水，鸽子找不到落脚之地，只能又飞回了方舟。挪亚将鸽子接进了方舟，过了七天之后，他再次将鸽子从方舟放了出去。

这次，鸽子直到晚上才飞回方舟，回来时嘴里叼着一个新鲜的、刚刚拧下来的橄榄叶，看到这青绿的叶子，挪亚知道，地上的水退了，植物已经长出来了。他又等了七天，再次将鸽子放了出去，这次，鸽子就不再飞回来了。

到挪亚六百零一岁，二月二十七日这天，挪亚发现地面已经都干了。

上帝告诉他说："你和你的妻子、儿子、儿媳都可以出方舟了。在你那里凡有血肉的活物，飞鸟、牲畜和一切爬在地上的昆虫，都要带出来，叫它们在地上多多滋生，大大兴旺。"于是挪亚和他的家人带着一切走兽、昆虫、飞鸟，和地上所有的动物，各从其类，走出了方舟，重新在大地上生活并繁衍。

而那只带来最初大地消息的鸽子，也就成了人类心目中希望的象征。后来的基督教甚至把它当作了"圣灵"，成为人们心目中庇佑和平的象征。

时间很快到了1940年，法西斯的铁蹄践踏了世界上最古老的城市之一——法国巴黎，而著名的画家毕加索，当时正侨居巴黎。这位画家深受自己父亲的影响，非常喜爱鸽子，鸽子那安静祥和的姿态，给他留下了强烈的印象。

当时，毕加索的隔壁住着一位叫米什的老人，老人在第一次世界大战中失去了左臂，现在儿子和媳妇都参加了反法西斯的游击队，只剩下他和十二岁的孙子相依为命。小男孩在家养了一群白鸽，他经常将竹竿绑上宽宽的白布条，挥动竹竿指引鸽子们飞翔和归巢。同样出于对鸽子的热爱，毕加索和这一家人成为亲热的好朋友。

　　不久，前线传来了男孩父母战死的噩耗，失去双亲的痛苦令小男孩对法西斯充满了仇恨，他觉得逗引白鸽的竹竿上绑着的白布条如同投降的小白旗，于是将白布条扯了下来，换成了象征复仇火焰的红色布条。

　　然而，鲜艳的红色布条很快就引起了德国巡逻士兵的注意。他们觉得那在窗口挥舞的红色火焰是向游击队报信的标志，士兵们冲上楼，毫不留情地将小男孩从窗户扔了下去，孩子就这样摔下楼，死去了。士兵们连笼子里的鸽子也不放过，觉得它们会报信，于是一顿扫射，将鸽子全杀死了。

　　悲愤的米什老人找到了毕加索，向他哭诉了事情的经过，并请求大师为他留下在法西斯枪口下惨死的孙子的最后纪念。

　　愤怒与悲伤充满了毕加索的胸腔，他挥笔画出了《抱鸽子的孩子》。鸽子代表了画家和所有在法西斯统治下的人们对和平生活的渴望，以及人类心中那永不磨灭的希望。

毕加索的名画《抱鸽子的孩子》。

　　1950年11月，为纪念在华沙召开的世界和平大会，毕加索又欣然挥笔画了一只衔着橄榄枝的飞鸽。后来，智利的著名诗人聂鲁达为这只鸽子取了个名字——"和平鸽"（Peace Pigeon），鸽子被正式公认为和平的象征。

　　从此以后，和平鸽的形象出现在各个场合。从每个小小的集会到全世界共同参与的奥运会，都会有放飞和平鸽的仪式，正是因为和平鸽代表和平、希望、团结和圣洁，它是人类对美好生活的殷殷期盼。

伯利恒的明星
（Star of Bethlehem）
——领袖

在加利利拿撒勒城，有一个童女玛利亚，她刚刚和大卫家族的约瑟订婚不久，但尚未结婚同房。

一日，天使加百列奉上帝之命，告诉玛利亚即将怀孕生子，生下的孩子要取名耶稣。天使说道："你儿子耶稣，将要成为一个至高无上的人物，上帝会将先祖大卫的位子传给他。他统领的国家，将延续不绝没有穷尽。"

玛利亚听后诚惶诚恐："我相信全能的上帝，可是我尚未和丈夫同房，怎么能怀孕生子呢？"

天使说道："圣灵将要降临到你身上，所以上帝会庇护你。因为你所生的孩子是圣者，是上帝的儿子。你亲戚以利沙伯，也就是祭司撒迦利亚的妻子，年迈体衰，一直没有孩子，六个月前也怀孕了。上帝说的话，都会应验的。"

玛利亚原本是一个对上帝虔诚的人，听了天使的话，更加顺服上帝的旨意。

玛利亚的未婚夫约瑟，是一个老实守本分的木匠。当他得知玛利亚怀孕的事情后，既惊讶又气愤。惊讶的是，他和玛利亚两小无猜，青梅竹马，他知道她不是那种轻浮孟浪的人，怎么会突然怀孕了呢？气愤的是，玛利亚怀孕的事实，就摆在他眼前，他感到巨大的耻辱。思前想后，善良的约瑟决定维护玛利亚的名誉，而不是张扬地和她退婚。

约瑟的心事让上帝知道了，当天晚上他派出天使晓谕约瑟："大卫的子孙约瑟，关于你未婚妻怀孕的事情，请你不要多想，这全是上帝的旨意，你只管将玛利亚迎娶过来，她将要生一个儿子，取名叫耶稣，因他要将百姓从罪恶中救赎出来。"

约瑟原本是一个虔诚信服上帝的义人，听了天使的话，他即刻将玛利亚迎娶了过来，只是没有同房。约瑟小心侍奉玛利亚，一点也不敢懈怠。

时隔不久，罗马政府进行第一次大规模的人口普查，目的是更好地控制税源。约瑟带着身孕已久的玛利亚，前往伯利恒申报户口。伯利恒的客栈住满了客人，他们只好在客栈的马厩里面将就一宿。半夜时分，玛利亚腹中疼痛。忽然，一道神圣的光辉笼罩住了马厩，正在打喷嚏、踢打蹄子的马，睁大了眼睛安静了下来，静待着万王之王的降生。

耶稣降生后，玛利亚用布将圣婴裹住，安放在马槽中。

在伯利恒的乡间野外，一群牧羊人在看护着他们的羊群。这时候天使降临，辉煌的荣光照亮了牧人的四周，牧羊人感到十分害怕。天使说道："我是在给你们报告喜讯，你们不要害怕。在伯利恒，诞生了你们的救世主。那个婴儿，用布包裹的，躺在马槽里面。"天使说完，一列天兵降临，高唱赞美诗：

在至高之处，
荣耀归于神，
在地上平安，
归于他所喜悦的人。

受胎告知。

好奇的牧羊人，在伯利恒的马厩中找到了约瑟夫妇，看到了安放在马槽里的圣婴。他们将天使的话四处传开了。玛利亚亲耳所闻，亲眼所见，更加相信这是上帝的灵验。

有三个博士从东方来到了耶路撒冷，他们说："将会成为犹太人之王的婴儿刚刚在那里诞生了。我们在东方看见了代表他诞生的明星，特地来拜见他。"

希律王听到这样的说法，心中不安，耶路撒冷城中的人，也因此觉得不安。希律王召集了祭司长和民间的文士，问他们说："基督会生在什么地方呢？"这些人回答说："在犹太的伯利恒。因为有先知曾经说过，犹大地的伯利恒啊，你在犹大诸城中，并不是最小的那个。因为将来有一位君王要从你那里出来，牧养我以色列民。"

于是，希律王偷偷召来了那几个博士，仔细询问他们那颗明星什么时候出现。然后他派遣他们前往伯利恒，对他们说："你们去仔细寻访那小孩子，如果寻到了，就来报信，我也好去拜会他。"

这几个人听了希律王的话，就前往伯利恒去了。他们在东方天空看到的那颗明星，忽然就在他们的前头行进，一直行进到那小孩子所在的地方，就在他头顶上停住了。博士们看到那颗明星，非常欢喜，他们照着星星的指点，进了屋子，看到了小孩子和他的母亲玛利亚。他们俯伏跪拜那小孩子，然后打开宝盒，拿出了黄金、乳香和没药,作为礼物献给了耶稣。

后来,博士们因为在梦中接到了上帝的指示,知道希律王想要杀害这孩子,并未回去见他,而是从别的路回家去了。他们走后,加百列在梦中向约瑟显灵,让他带着孩子和玛利亚逃往埃及,以躲避希律王的追杀,直到希律王死了之后,再回来。

耶稣诞生。

在耶稣基督诞生的时刻,贤者们看到伯利恒的天空上出现了一颗明星,便知道有一位圣人诞生于伯利恒。

因此,伯利恒的明星,也就成了耶稣基督的代名词。

后来,这个词的词义被进一步引申,用来比喻那些为别人指明前进方向、带领众人的领袖人物。

现在,我们还能经常看到这颗伯利恒的星星,因为它就是圣诞树树顶上最大最明亮的那颗。它闪耀着亘古的光辉,指引着后人前进的路途。

犹大的亲吻
（Judas Kiss）

——背叛

耶稣最信任的是他的十二个门徒,给了他们权柄,使他们可以驱赶污鬼,医治各式各样的病症。

这十二个门徒分别是:西门,又叫彼得;他的兄弟安得烈;西庇太的儿子雅各和雅各的兄弟约翰;腓力和巴多罗买;多马和税吏马太;亚勒腓的儿子雅各和达太;奋锐党的西门,还有加略人犹大。他让这十二个门徒前往各处,去为人们解决灾厄。

然而,祭司们却在密谋,想要杀害耶稣。他们商议,要用诡计将耶稣杀掉,但不可在过节的日子,以免民间生乱。此时,耶稣已经预感到了他的命运,他对门徒说:"看哪! 我们上耶路撒冷去,人子要被交给祭司长和文士。他们要定他死罪,又交给外邦人,将他戏弄、鞭打、钉在十字架上,第三日他要复活。"

在十二门徒当中,犹大是个聪明但是贪婪的家伙,他善于理财,是门徒中管理钱财的那一位。

犹大知道了祭司们想要杀死耶稣的事情,他去见祭司长,说:"我可以把耶稣交给你们,你们愿意给我多少钱?"祭司们给了他三十个银币,并与他约定,在合适的时机,要帮助他们杀死耶稣。

除酵节的第一天,门徒来问耶稣:"逾越节的筵席要在哪里预备?"耶稣说:"你们进城去,到某人那里,对他说:'夫子说:我的时候快到了,我与门徒要在你家里守逾越节。'"门徒遵照耶稣的吩咐准备好了逾越节的筵席。

到了晚上,耶稣与他的十二个门徒围坐着,正在吃饭的时候,耶稣说:"我告诉你们:你们之中有一个人要出卖我。"门徒都非常惊讶,他们一个一个地问耶稣:"主,这个人是我吗?"耶稣回答说:"和我同时把手蘸到了盘子里的人,就是要出卖我的人。人子是必须要去死的,就如同经上所写的那样。但出卖人子的人就有祸了! 那人如果不生在这世上倒好。"听到这话,犹大问道:"拉比,这人是我吗?"耶稣告诉他:"是的,你说得对。"

接着,耶稣就拿起饼来,祝福,再分开递给门徒,说:"你们拿着吃,这是我的身

最后的晚餐中，与耶稣同坐的十二门徒。头上没有光环的是出卖耶稣的加略人犹大。

体。"又拿起杯子来，祝谢了，递给他们，说，"你们都喝这个，因为这是我立约的血，为多人流出来，使罪恶得以被赦免。但我告诉你们：从今以后我不再喝这葡萄汁，直到我在我父的国里和你们喝新的那日子。"

耶稣带着门徒往客西马尼而去，见到门徒们因为困倦睡着，他感叹："现在你们还在睡觉安歇吗？时候到了，人子被出卖给罪人了。起来，我们走吧！看哪！卖我的人近了。"就在这时，犹大来了，还带着许多佩戴刀棒的人们，这是他从祭司长和长老们那里带来的人。

犹大私下跟带来的人说："我与谁亲吻，谁就是你们要找的人。你们可以拿住他。"随即，他走到耶稣的跟前说："请拉比安。"并与他亲吻。

耶稣看到他的行为，对他说："朋友，你来要做的事，就做吧！"于是那些人上前来，捉住了耶稣。

跟随耶稣的一个人拔出刀来，将大祭司的仆人砍了一刀，削掉了他一个耳朵。耶稣阻止了他的行动，对他说："收刀入鞘吧！凡动刀的，必死在刀下。你想，难道我不能求天父现在为我差遣十二营多天使来吗？若是这样，经上所说事情必须如此的话，怎么应验呢？"于是，耶稣毫不反抗地被祭司们捉住了，门徒都离开他逃走了。

祭司们商定要处死耶稣，看到耶稣被定了罪，犹大忍不住良心的谴责，后悔了。

他把三十个银币拿回来交还给了祭司长和长老，说："我出卖了无辜之人的血，

犹大之吻。

有罪了。"可是祭司长说："那和我们有什么关系呢？你自己的过错你自己承担吧！"
于是，犹大将银币丢在了大殿里，离开了大殿，自缢身亡了。

　　而那三十个银币，被祭司长们买了窑户的一块田，专门埋葬外乡人，因那银币
是买了耶稣性命的"血价"，所以那块田直到今天还被称为"血田"。

　　犹大用他的吻让凶手们找到了耶稣，也给自己留下了永远的烙印。一个吻，一
个原本代表亲热、喜爱的行为，却隐藏着伤害的目的，成了变节和背叛的标志。身
为耶稣的十二使徒之一，犹大原本也应该成为被后人景仰、受上帝眷顾的贤者，可
是，他却放纵自己贪恋的恶欲，仅仅为了三十个银币，就出卖了他的信仰。

　　最终，他也因为自己的恶行付出了生命的代价，但死亡并不能救赎他犯下的大
错，背叛者这个名号将永远跟随着犹大，成为他永远无法洗刷的污点。而犹大之
吻，也从此成了背叛的象征。

巴别塔
(Tower of Babel)

——隔离

大洪水退去之后,挪亚的子孙们离开方舟,开始在地面定居。随着人们的繁衍,人数越来越多,于是人们打算向东迁移。在古巴比伦附近的示拿地,他们遇到了一片开阔的平原,决定在这里定居下来。

定居之后,他们开始商量说:"来吧!我们要建造一座城和一座塔,塔顶通天,传扬我们的名。"于是,他们开始做砖,把砖当石头,又拿石漆当灰泥,垒起高高的塔,建起宏伟的城。

彼时,大地上的人们都说着一样的语言,轻松的交流让人们的干劲十足,塔也越来越高,几乎要通到天上了。

一日,耶和华降临人间,想要看看人们所建造的城市和高塔。耶和华说:"看哪!他们成为一样的人民,都是一样的语言,如今既做起这事来,以后他们所要做的事,就没有不成就的了。我们下去,在那里变乱他们的口音,使他们的语言彼此不通。"

于是,耶和华将人类分散到了地上各个地方,让他们的语言变得不同,各地的人类再也无法沟通,他们也就无法继续联合起来建造那座高塔了。

也有人说,当年建造这座高塔的人,是为了向上帝宣战。"上帝没有权选择高处,而把低处留给我们,所以我们会建造高塔,并于塔顶设一偶像,要他手持利剑,并摆出向上帝宣战的样子。"他们希望建造足以到达天空的高塔,与上帝开战,追求信仰自我的权利,于是遭到了上帝的惩罚。

不管原因是什么,现在唯一能确定的是,这座未能完工的高塔后来被叫作巴别塔。巴别,也就是古希伯来语中"混乱"的意思,也有人习惯于称呼它为"通天塔",因它当年怀抱着人类直抵天空的梦想。

今天,巴别塔的废墟仍然静静地伫立在美索不达米亚平原上,见证着巴比伦城曾经的繁华。千万年的幼发拉底河和底格里斯河依然奔涌,所有的河流终将汇集到一个地方——大海,但人类曾经的不屈、坚持,直指天空的坚韧,共同一致的梦想,却早已变得隔离、混乱,失去了共鸣的能力。

2003年,一本叫作《巴别塔之犬》的小说登上了《纽约时报》畅销书排行榜榜首,随即流行到了整个世界。男主角保罗的妻子从树上坠地身亡,现场目击者只有他们家的狗,保罗想要得知妻子究竟是自杀还是意外,于是,他决定教会狗说话。小说的标题,正是借用了巴别塔的概念,它既是男主角和狗之间无法沟通的现实,也象征了他和妻子之间的疏离和观念鸿沟。

巴别塔(Tower of Babel),这座《圣经》里导致全世界人类分离隔阂的高塔,今天已经成了人与人之间难以融通的隔阂的代名词。语言、习俗、种族、观念,各种不同,都令人类难以接受与自己不同的人,而这样的隔离,造成了多少的不和、冲突与战争呢?不如让大家都静下心来想想,你心中是否也有一座巴别塔?

荷兰画家彼得·勃鲁盖尔(1525—1569)所画的《巴别塔》。

参孙
（Samson）

——有勇无谋

有一个琐拉人名叫玛挪亚，他的妻一直不能生育。

某天夜里，耶和华的使者向那妇人显灵，说："你一向无法生育，如今你可以怀孕生一个儿子。但你必须小心谨慎，任何酒都不可以喝，一切不洁之物也都不可以吃。你会生下一个儿子，但千万不能用剃刀为他剃头，因为他一生下来就是神的信徒，他将会从非利士人手中拯救以色列人。"妇人回去告诉了丈夫她获得神谕的事，于是，这对夫妻向耶和华献上了燔祭和素祭。

不久，妇人生下了一个儿子，给他取名叫作参孙。

参孙在耶和华的赐福中长大了。

一天，长大的参孙来到亭拿，在那里看见了一个非利士的女子，他对这女子一见钟情，便去请求自己的父母，想要娶她为妻。玛挪亚夫妇并不愿意儿子娶一位非利士人，因为非利士人都未受割礼，他们要求参孙娶一位兄弟的女儿或者本国的女子。可是他们并不知道参孙对这女子的喜爱纯粹出于耶和华的安排，因为他要找机会攻击非利士人。

参孙坚持要娶那非利士女人为妻，玛挪亚夫妇拗不过他，陪着他来到了亭拿，去向那女子求亲，并得到了那女子的承诺。在亭拿的葡萄园里，参孙看到了一只少壮的狮子。耶和华的灵大大感动参孙，给了他神力，他徒手撕裂了狮子，就好像撕裂一只小羔羊一样轻松。

可是这件事他并未告诉他父母。

过了些日子，参孙再去迎娶那女子，走到路边时，他又看到了那只死狮。此时，有一群蜜蜂在那死狮的肚内酿蜜，他便取了些蜂蜜出来，边走边吃。

到了父母那里，他将剩下的蜂蜜给父母吃了，但没有告诉他们这蜂蜜是从死狮的肚子里取来的。

参孙设摆筵宴，接待那些来参加他们婚礼的人。非利士人派了三十个人陪伴那女子过来。参孙对他们说："我出一个谜语给你们，如果你们能在这七天的筵席内猜出答案,我就给你们三十件里衣,三十套衣裳。但是如果你们不能猜到答案,就得给我三十件里衣,三十套衣裳。"

众人答应了参孙的要求。参孙便说出了他的谜语:"吃的从吃者出来,甜的从强者出来。"众人都无法猜出这谜语的答案,到了第七天,他们便对参孙的妻子说:"你应该去哄骗你的丈夫,探出谜语的意思告诉我们,否则我们就用火去烧你和你父亲的家。你们请我们来,难道是要夺走我们所有的东西的吗?"

参孙的妻子便去向参孙哭诉,说他并不爱自己,他出的谜语也没有将谜底告诉自己。参孙告诉她,他连对父母都未曾说过,何况是她呢?但妻子一直在参孙面前哭泣撒娇,终于逼着参孙将谜语的意思说了出来。

在宴会的第七天,参加宴会的非利士

参孙杀狮子。

人在参孙面前回答出了谜语:"有什么比蜜还甜呢? 有什么比狮子还强呢?"参孙知道是自己的妻子泄露了秘密,对他们说:"你们若非用我的母牛犊耕地,就猜不出我谜语的意思来。"但他不想违背自己的誓言,便去到亚实基伦,杀了三十个人,夺了他们的衣裳,将衣裳给了猜出谜语的人。

这事令参孙非常生气,他离开了妻子,回自己家去了。

他妻子的父亲因为他离开,便将女儿嫁给了陪伴她出嫁的人之一。过了些日子,到了割麦子的时候,参孙带着一只山羊羔去看他的妻子,但他的岳父不让他进去,并告诉他,自己已经将女儿改嫁了,她还有一个更美丽的妹子,可以代替姐姐嫁给参孙。

参孙并不愿意,他想,自己现在就算加害非利士人也不算有罪了。于是,他捉了三百只狐狸,将狐狸尾巴一对一对地捆上,将火把捆在两条尾巴中间,点着火把,把狐狸放进非利士人的禾稼,将堆集在一起的禾稼和橄榄园都烧光了。

非利士人知道这是参孙的所为,迁怒于参孙的岳父,将他和他的女儿都烧死了。这事令参孙更为愤怒,决定再向非利士人报仇。他斩杀了不少非利士人,将他们砍成两半,随后前往了以坦磐。

非利士人为了报复,袭击了参孙所在的以坦磐,逼犹大人交出参孙。参孙获得了犹大人不杀害他的承诺，答应他们用两条新绳捆绑住自己，交给了非利士人。

参孙被押到了利希，非利士人都迎出来观看。这时，耶和华的灵大大感动了参孙，他手臂上的麻绳就像火烧的麻一样，从他手上脱落下来。参孙随手捡起一块驴腮骨，杀死了一千个非利士人，顺利地从非利士人手中逃脱了。

后来，参孙又爱上了一个叫大利拉的女子。非利士人的首领找到了大利拉，希望她能够从参孙口中探查到他有如此神力的原因，并获知如何能够克制他，他们愿意每人给她一千一百舍客勒银子。

大利拉无法拒绝诱惑，便去问参孙，怎样才能制伏他？参孙告诉她："如果用七条未干的青绳捆绑我，我就软弱得像平常人一样了。"于是，大利拉拿了七条未干的青绳绑住参孙，然后说："参孙哪！非利士人拿你来了。"参孙立刻就挣断了绳子，就如同挣断被火烧过的麻线一样。大利拉很生气，她对参孙说："你欺骗了我，对我说了谎话。现在，求你告诉我，到底如何才能捆绑你吧！"参孙告诉她："若用没有使过的新绳捆绑我，我就软弱得像平常人一样了。"大利拉就用新绳绑住了参孙，可是参孙又轻易将绳子挣断。大利拉并不死心，再次向参孙请求，参孙又说："你若将我头上的七条发绺，与纬线同织就可以了。"但这次的尝试又失败了，参孙轻松地将机上的橛子和纬线一齐都拔出来了。

参孙和大利拉。

大利拉对参孙说："你既不与我同心，怎么说你爱我呢？你这三次都在欺哄我，没有告诉我你为何有这么大的力气。"于是，她每天都缠着参孙，逼迫他告诉自己事实。参孙被她缠逼，终于忍不住告诉了她真相："向来人没有用剃头刀剃我的头，因为我自出母胎就归神作拿细耳人。若剃了我的头发，我的力气就离开我，我便软弱像别人一样。"

大利拉见参孙终于说出了真相，便派人通知非利士人过来。她哄着参孙在自己的膝头上睡着，叫人剃掉了参孙头上的七条发绺，再告诉参孙说："参孙哪！非利士人拿你来了。"参孙从睡梦中醒来，想要像前几次一样活动身体，却不知道耶和华已经离开他了。

非利士人轻易地拿下了参孙，剜了他的眼睛，用铜链绑着他，把他关在了迦萨的监牢里，命令他每日推磨。然而，参孙的头发被剃之后，又渐渐长起来了。

这天，非利士人的首领聚会，宴乐正欢的时候，他们将参孙从监牢中带出来，想要戏耍他。房间里站满了非利士人，房顶上也站着大约三千个人，都在看如何戏耍参孙。

他们命他站在房子的两根柱子中间，参孙对拉着他手的童子说："求你让我摸着托房的柱子，我要靠一靠。"

童子答应了他的要求。参孙左右手各抱着托着房子的两根柱子，对耶和华祷告说："主耶和华啊！求你眷念我。神啊！求你赐我这一次的力量，使我在非利士人身上报那剜我双眼的仇。我情愿与非利士人同死！"说完，他用尽全身力气拉倒了柱子。

失去支柱的房子立刻倒塌了，非利士人的首领和房间里的众人都被压在了房子下。参孙终于报仇了，但他也牺牲了自己的性命。

参孙是《圣经》中的大力士，力大无穷，勇猛异常，他生来就受神的眷顾，获得了天赐的神力，是以色列的救星。

然而，在这众多的光环下，参孙同时又是个头脑简单的家伙，他鲁莽冲动，行事自以为是，从不考虑后果，被身边的爱人几次三番地欺骗，却毫无警觉之心，最终陷入困境，只好选择与敌人同归于尽。

参孙的形象，完全有别于传统故事里那些智勇双全的英雄形象，而是一个优缺点都非常明显的勇士。

有勇无谋，是对他最好的概括，所以后人在形容一些人只有蛮力而无智谋的时候，都爱用参孙来指代。

七十个七次
(Seventy-seven Times)
——宽容

彼得对耶稣说："主啊！我的兄弟得罪了我，我应该饶恕他几次呢？饶恕他七次可以吗？"耶稣说："我对你说，不是七次，而是要饶恕七十个七次。"

然后，耶稣说了一个故事："天国好像一个王，要和他仆人算账。正在算账的时候，有人带着一个欠了一千万银子的人来。这个人没有办法偿还这么多钱，主人便吩咐说，把他和他的妻子、儿女，以及他所有的一切都卖了，来偿还他的债务。这仆人匍匐在地向主人请求说：'宽容我吧！将来我会将债务都还清的。'那仆人的主人动了仁慈之心，便将这人放了，还免了他所有的债。

圣徒彼得。

"这仆人走了出来，恰好遇见了他的一个同伴，正好这人欠他十两银子，仆人立刻揪着他，掐住他的喉咙，说：'你快把欠我的钱还我。'他的同伴立刻跪下来向他央求，请他宽限，并答应将来一定会还清欠债。然而，这仆人并不肯答应同伴的请求，他扯着对方，将对方送入了监牢，要等他还了所有的欠债才放他出来。

"其他同伴们看到他的所作所为，非常愤怒，便把这事告诉了主人。于是，主人叫了这仆人前来，对他说：'你这恶奴才，你央求我宽限你的欠债，我就把你所欠的都免了。难道你不应该像我怜悯你一样怜悯你的同伴吗？'主人非常生气，将仆人交给了掌刑人，要求他还清所有的欠债。"

最后，耶稣告诉彼得说："你们每个人若不从心里饶恕你的弟兄，那我的天父也要这样待你们了。"

宽恕是《圣经》中一个极大的主题。上帝造人，并爱世人，尽管人原本就是因为犯了错才会被上帝从伊甸园中赶出来的，但上帝并未放弃他的子民，依旧以仁慈之心，关爱着他的每一个信徒。

　　所以，我们要像上帝一样爱人，爱人如爱己，赦免别人如同上帝赦免我们一样。

　　要记住：上帝宽恕我们的，永远比我们宽恕其他人的更多。我们都是不完美的，所以难免会伤害到其他人；同样的，别人也有可能会伤害到我们。不论是谁，都应该包容彼此的过失。

　　宽恕冒犯你的人，宽恕七十个七次。

摩西
（Moses）
——贤者

　　以色列的众子，各带家眷和雅各一同来到埃及，此后以色列民生养众多，人丁繁茂，遍布埃及。

　　埃及法老对以色列人的扩张感到恐惧，而以色列人凭借着聪明能干，累积了大量财富，也招致了本地人的嫉妒。法老召集臣下商议："你们看，以色列民现在比我们还多，而且还很富有强盛。一旦发生战争等变故，他们会对我们产生威胁，极有可能联合仇敌，攻击我们。所以我们要未雨绸缪，先发制人。"

　　有谋臣给法老出了一个恶毒的主意：从现在起就对以色列人进行限制，用繁重的劳役、严厉的监督，来折磨他们的肉体，以便缩短他们的寿命；对以色列男婴进行大屠杀，凡是以色列人刚刚出生的男婴，一律处死。

　　法老采取了这个建议，于是开始残酷地奴役以色列人，让他们做最苦最累的工作；法老召来希伯来的两个接生婆，下旨道："希伯来人如果生下男婴，一律处死，女婴可以存活。"接生婆因为敬畏上帝，不敢残害生灵，于是她们对法老说："因为希伯来妇人比较健壮，接生婆还没有到，她们就已经生产了。"神就厚待接生婆。以色列人更多起来。法老见状亲自下令给民众："凡是以色列人所生的男孩，全部丢到河里面淹死；女孩可以保留性命。"

　　有一对利未夫妇，生了一个儿子，模样十分俊美，他们将孩子在家里藏匿了三个月。由于惧怕法老的命令，他们取了一个蒲草箱，抹上石漆和石油，将孩子放进箱子里面，扔进了河边的芦苇丛。孩子的姐姐舍不得弟弟，远远观望。

　　这时，法老的女儿来到河边洗澡，她看到了箱子，就命令婢女将箱子拿过来。她打开箱子看到了孩子，那孩子哭了起来，她可怜这孩子，说："这是希伯来人的一个孩子。"孩子的姐姐看到了，对法老的女儿说："我去希伯来妇人中叫一个奶妈来，为你喂养这孩子，可以吗？"法老的女儿答应了。女孩就去叫了母亲来。法老的女儿让这妇人将孩子抱去喂养，并答应给她报酬。妇人将孩子带回喂养，等到他长大了，又把他带到了法老的女儿那里，做了她的儿子。

法老的女儿给他取名叫摩西,意思是,因我把他从水里拉出来。

　　摩西长大了,他出去到他兄弟那里,看他们的重担,见一个埃及人在打一个希伯来人。他见周围没有人,便把埃及人打死了,埋在沙土里。可是这件事被他的同族传了出去,法老听说,便想杀了他,摩西只好逃到米甸去。在米甸,他娶了米甸祭司流珥的女儿,结婚生子。

　　一日,摩西正在帮自己的岳父牧羊,耶和华的使者在荆棘里火焰中向他显现,摩西想去观看,神就呼召他,并告诉他说:"我的百姓在埃及所受的困苦,我看见了,我下来是要救他们脱离埃及人的手,让他们出了那地,到美好宽阔流奶与蜜之地。故此,我要打发你去见法老,使你可以将我的百姓以色列人从埃及领出来。"但摩西说:"我是什么人,怎能将以色列人从埃及领出来呢?他们一定不会相信我,也不会听我的话。"于是耶和华赐给了摩西可将手杖变成蛇,以及能够令手上的大麻风消失的能力,他还告诉摩西,若是这两个神迹他们都不信,那摩西可以从河中取水倒在旱地上,那些水会变成血。

摩西被埃及公主救起。

　　摩西便带着他的妻子和两个儿子,回埃及去了。摩西去见了埃及法老,但法老并不信仰耶和华,就算见到摩西展现的神迹,也不肯减少以色列人所承担的徭役。于是,耶和华在埃及依次降下了血灾、蛙灾、虱灾、蝇灾、畜疫之灾、疮灾、雹灾、蝗灾和黑暗之灾,后来,又把埃及所有的长子——从坐宝座的法老,直到囚牢中人的长子,以及一切头生的牲畜,全部都击杀了。

埃及法老这才承认了耶和华的神威,他召了摩西来,让他带着六十万以色列人从兰塞出发,往疏割去。

可是这时候,埃及法老改了心意,带领军队赶了过来,在红海边靠近比哈希录的地方,追上了摩西带领的以色列人。以色列人看到埃及人赶来,非常害怕,就对摩西说:"难道在埃及没有坟地,你要把我们带到旷野里死吗?为什么要将我们从埃及带出来呢?"摩西安慰他们说,耶和华会救大家的,他们只管静默,不要作声就好了。

于是,耶和华让摩西向海水伸出他的手杖,耶和华便用大东风,让海水一夜退去,水分开来,海就成了干地。以色列人下海走了过去,水都在两边成了墙垣。埃及人跟着追下海去,耶和华便让埃及的军兵混乱,让他们的车轮脱落,难以追上以色列人。

摩西雕像。

等以色列人都走过去之后,耶和华又让摩西向大海伸出手杖,让海水复原,埃及人想要逃跑,耶和华把他们推翻在海里,让埃及军队全被海水吞没了。

就这样,耶和华将以色列人从埃及人的手中拯救了出来,以色列人看见耶和华所做的一切,就敬畏耶和华,也信服了他和他的仆人摩西。

摩西是先知中最伟大的一位,旧约中提到摩西约一百七十次,新约提到他七十几次。可见摩西在以色列人历史上的地位。他是以色列人的领袖,是伟大的战士、政治家、诗人、道德家、史家、希伯来人的立法者。他曾亲自和上帝交谈,受他的启示,领导希伯来民族从埃及迁徙到巴勒斯坦,他得到了神所颁布的《十诫》,即《摩西十诫》,这成为希伯来人的法规。

可以说,摩西是《圣经》记载中,最受神恩宠的先知,就算是三千多年后的今天,他依然还受到众多教徒乃至非教徒的尊重。

世间之盐
（The Salt of the Earth）
——高尚

《马太福音》中，耶稣曾经向他的门徒们传教。他说："虚心的人有福了，因为天国是他们的。哀恸的人有福了，因为他们必得安慰。温柔的人有福了，因为他们必承受地土。饥渴慕义的人有福了，因为他们必得饱足。怜恤人的人有福了，因为他们必蒙怜恤。清心的人有福了，因为他们必得见神。使人和睦的人有福了，因为他们必称为神的儿子。为义受逼迫的人有福了，因为天国是他们的。人若因我辱骂你们，逼迫你们，捏造各样坏话毁谤你们，你们就有福了。应当欢喜快乐，因为你们在天上的赏赐是大的。在你们以前的先知，人也是这样逼迫他们。你们是世上的盐。盐若失了味，怎能叫它再咸呢？以后无用，不过丢在外面，被人践踏了。你们是世上的光。城造在山上，是不能隐藏的。"

"你们是世上的盐"，耶稣用盐来赞美自己的门徒，是因为盐在古代是一种非常珍贵的食物。在《圣经》中，盐曾经多次作为净化祭品的物品来使用。"耶和华吩咐摩西说，你要取馨香的香料，就是拿他弗、施喜列、喜利比拿。这馨香的香料和净乳香，各样要一般大的分量。你要用这些加上盐，按作香之法，作成清净圣洁的香。""凡献为素祭的供物都要用盐调和，在素祭上不可缺了你神立约的盐。一切的供物都要配盐而献。"洁净的香需要加上盐，献祭的贡品需要用盐调和，因盐乃是尊贵圣洁之物。

除此之外，在《圣经》中，盐还有永恒的含意，人们爱用"盐约"形容订立永远不变的契约。"凡以色列人所献给耶和华圣物中的举祭，我都赐给你和你的儿女，当作永得的份。这是给你和你的后裔，在耶和华面前作为永远的盐约（盐即不废坏的意思）。"

"你们的话要时刻带着恩慈，用盐调味，使你们知道该怎样回答各人。""你们心里要有盐，彼此和睦相处。"《圣经》里处处可以看到盐的身影，它是西方人心目中一种尊贵而圣洁的物品，直到伊丽莎白时代，贵族们的餐桌上都会摆着一个很大的盐罐，因此还产生了短语："Please sit above the salt.（请上座）"

耶稣带领门徒进入耶路撒冷。

　　耶稣用盐来赞美自己的门徒,而世间之盐(The Salt of the Earth)也成了一个固定的短语,被用来形容高尚、尊贵、正直的人。"You are the salt of the earth."就是说,你是一个正直高贵的人。

天使的号角
（Angel's Trumpet）

——末日

《新约·启示录》中记载了这样一幕：当羔羊揭开第七印的时候，天上寂静了大概两刻。约翰看见了神面前站着七位天使，神赐了七支号给他们。另外有一位天使拿着金香炉，站在祭坛旁边。他将许多香献在了金坛上，和众圣徒一起祈祷。那香的烟和众圣徒的祈祷都上升到神的面前。天使拿着香炉，盛满了坛上的火，倒在地上，随即雷声轰轰，闪电交加，大地开始震动了起来。而拿着七支号的七位天使，准备要吹响手中的号角。

第一位天使吹号了，有冰雹与火掺着血落在地上。地的三分之一和树的三分之一都被烧了，一切的青草也被烧了。

第二位天使吹号了，就有仿佛被点燃的大山扔在了海里。海的三分之一变成了血，海中的活物死了三分之一，船只也坏了三分之一。

第三位天使吹号了，就有烧着的大星，好像火把从天上落下来，落在江河的三分之一，和众水的泉源上。这颗星名叫"茵陈"。众水的三分之一变为茵陈，因为水变苦了，死了许多人。

第四位天使吹号了，太阳的三分之一，月亮的三分之一，星辰的三分之一，都被击打。于是日月星的三分之一都黑暗了，白昼的三分之一没有光，黑夜的三分之一也没有光。约翰看见一只鹰飞在空中，并听见它大声说，三位天使要吹响其余的号角，你们住在地上的人，将要面临灾祸了。

第五位天使吹号了，约翰就看见一颗星从天落到地上。上帝将深渊的钥匙赐给它，它打开了那无底坑，便有烟从坑里往上冒，好像大火炉的烟。太阳和天空，都因这烟昏暗了。有蝗虫从烟中飞出来，耶和华赐给了它们能力，就好像地上蝎子的能力一样。上帝吩咐它们说，不可伤害地上的草和各样树木，唯独要伤害额上没有神印记的人。但神也不许蝗虫害死他们，而要让他们遭受五个月的痛苦。这痛苦就像蝎子螫人的痛苦一样，让人在那些日子里求生不得，求死不能。那些蝗虫的形状，就好像准备出战的马一样，头上戴的好像金冠冕，颜面好像男人的颜面。它们

《吹号角的天使》，这幅画表现的是光明和黑暗的二分法的象征。右边那仍
带着睡意、将醒未醒的形象是黎明的象征，她正被中间那三个英雄气质的
天使的号角声惊醒。左边那个正在逃走的形象是黑夜的象征。

的头发像女人的头发，牙齿像狮子的牙齿，胸前有甲好像铁甲。它们翅膀的声音，好像许多车马奔跑上阵的声音。它们有尾巴像蝎子，尾巴上的毒钩能伤人五个月。从无底坑中来的一个叫作亚巴顿（破坏）的使者，是它们的王。

三样灾难的第一样过去了，但还有两样灾祸要来。

第六位天使吹号了，约翰听见有声音从神面前金坛的四角出来。那声音吩咐那吹号的第六位天使，让他放了捆绑在幼发拉底大河的四个使者。那四个被释放的使者早就准备好了，到某年某月某日某时，要杀人的三分之一。他们带着二万万的军马，那些骑马的胸前有甲如火，还有紫玛瑙与硫磺。马的头好像狮子头，有火，有烟，有硫磺，从马的口中出来。这几样就杀死了三分之一的人，其他没有被这灾难杀死的人，仍然不悔改自己所做的错事，还继续祭拜鬼魔，和那些不能看，不能听，不能走，金、银、铜、木、石的偶像，也不悔改他们那些凶杀、邪术、奸淫、偷窃的事。

约翰又看到一位大力的天使从天上下来，身上披着云彩，头上有彩虹，脸如太阳一般荣耀，两脚像火柱。这天使手中拿着展开的书卷，他用右脚踏海，左脚踏地，开始大声呼喊，好像狮子的吼叫，他喊完了，就有七雷发声。约翰知道这七雷发声的意思，正要写出来，却被天上的声音阻止。那天使还向神起誓说，不会再拖延了。

在第七位天使吹号发声的时候，神的奥秘就成全了，正如神所传给它仆人众先

知的佳音。大灾难已经过去,基督
的国度已开始了。世上的国成了
我主和主基督的国。他要做王,直
到永永远远。

　《新约·启示录》是《圣经》中
最难理解的一部分,这一段预言的
是世界末日的情景。耶和华要审
判那些不信仰自己,而去祭拜鬼
魔,多行罪恶之事的人们,当七位
天使依次吹响号角的时候,大地上
的生物都会被灭绝和清洗,从而重
新建立其基督的国。因此,天使的
号角也就预示着世界末日的到来。

末日审判。

泥足巨人
（Feet of Clay）
——外强中干

巴比伦王尼布甲尼撒在位的第二年，他做了一个梦，搞得心里烦乱，不能睡觉。他召集了术士、用法术的、行邪术的和迦勒底人，对他们说："我做了一个梦，心里烦乱，要知道这是什么梦。"迦勒底人说："愿王万岁。请将那梦告诉我，我就可以讲解了。"可是尼布甲尼撒回答他说："梦我已经忘了。你们若是不能将我的梦和梦的讲解告诉我，我将凌迟处死你们。你们若是能够讲出我的梦，并向我解释它，那我就会赐给你们丰厚的奖赏和荣誉。"

这些人再次向尼布甲尼撒请求，让王告诉他们梦的内容，这样他们就可以解释。但王回答说："你们这是在故意拖延，你们明明知道我已经把梦忘记了。如果你们还不能将梦告诉我的话，我将狠狠地惩罚你们，因为你们欺骗了我。"这些人无计可施，因为除了不与世人同居的神明，没有人能回答出王所问的问题。

尼布甲尼撒国王大发雷霆，吩咐士兵们杀掉巴比伦所有的哲士。但以理从国王的护卫长那里得知了这件事，他去求见了国王，请求他的宽限，说自己不久便会将梦的讲解告诉国王。国王答应了他的请求。

但以理回到自己的居所，和同伴们一起祈求上帝施舍怜悯，告知他们国王梦的奥秘，以免巴比伦的哲士都因此而被杀害。上帝回应了但以理的请求，在夜间的异象中向他昭示了国王梦的秘密。

于是，但以理赶紧去见国王，并告诉国王说："王所问的那奥秘事，哲士、用法术的、术士、观兆的都不能告诉王，只有上帝能显明奥秘的事，他已将日后必有的事指示尼布甲尼撒王。"

"国王啊！你梦见了一个巨大的人像，这人像非常高，非常光耀，它站在你面前，样子十分可怕。这人像的头是精金的，胸膛和膀臂是银的，肚腹和腰是铜的，腿是铁的，脚是半铁半泥的。你看见有一块非人手凿出来的石头打在这像半铁半泥的脚上，把这人像的脚砸碎了。于是，金、银、铜、铁、泥都一同被砸得粉碎，被风吹散，再也找不到了。打碎这人像的石头也变成一座大山，充满天下。"

"这个梦要这样解释。国王啊！你是诸王之王，天上的上帝已将国度、权柄、能力、尊荣都赐给你。凡是世人所住之地的走兽，以及天空的飞鸟，都交付在你手，使你掌管这一切。你就是那金头。在你之后，会有另外一个国家兴盛，不及你现在的国家，这是银的。又有第三国，就是铜的，

古巴比伦强盛的象征——空中花园。

也会掌管天下。第四国，必然坚壮如铁，铁能打碎克制百物，又能压碎一切，那国也必打碎压制列国。你看见人像的脚和脚趾头，一半是窑匠的泥，一半是铁，那国将来也必然分开。你既见铁与泥掺杂，那国也必有铁的力量。那脚趾头，既是半铁半泥，那国也必然半强半弱。你看见铁与泥掺杂，那国民也必与各种人掺杂，却不能彼此相合，正如铁与泥不能相合一样。当那列王在位的时候，上帝必另立一国，永不败坏，也不归别国的人，却要打碎灭绝那一切国，这国必存到永远。你看见那非人手凿出来的一块石头从山里出来，打碎了金、银、铜、铁、泥，就是天上的神所另立的一国。"

听完但以理的解释，尼布甲尼撒国王大为诚服，俯伏在地向但以理下拜，并吩咐人给但以理奉上了供物和香品。

据说，尼布甲尼撒国王所梦到的这个金头银臂铜腹铁腿半铁半泥脚的巨人像，预示的正是巴比伦帝国的命运。金头指的是巴比伦大帝国，银胸和银臂代表波斯国，铜腰国指的是希腊，铁腿国则是罗马。而除了这个看起来非常准确的预言之外，这个故事还为我们留下了一个很著名的典故，泥足巨人（Feet of Clay）。

虽然拥有金、银、铜、铁这样坚硬的身躯，但因为脚是用半铁半泥做成的，这看似恐怖的巨人也就有了最大的弱点，使得它被一块石头砸碎了。从此以后，人们就把 Feet of Clay 引申为外强中干的代名词。

所罗门
（As Wise as Solomon）
——智慧

所罗门与埃及王法老结亲，娶了法老的女儿为妻。所罗门尊重耶和华，遵行他父亲大卫的律例，进行献祭。因为耶和华的宫殿还没有建成，所罗门就到基遍去献祭，因为那里有极大的邱坛，他在那坛上献一千头牛做燔祭。

俄罗斯人绘制的所罗门王手持圣殿模型。

在基遍，耶和华在梦中向所罗门显灵，对他说："你想要我赐你什么东西，都可以向我请求。"所罗门说："你的仆人，我的父亲大卫在你面前怀着诚实、公义、正直的心，你就向他大施恩典，又为他存留大恩，赐他一个儿子坐在他的位上，正如今日一样。耶和华，我的神啊！你让仆人我接了父亲大卫做王，但我还年轻，不知道该如何去做。我住在你所挑选的臣民当中，这些人太多了，所以求你赐我智慧，可以辨别是非。"

因为所罗门所求的是智慧，令耶和华非常高兴，他对所罗门说："既然你所求的是这件事，也不为自己求长寿、求财富，也不求灭绝你仇敌的性命，那我就应允你所求的，赐你聪明智慧，甚至在你以前没有像你的，在你以后也没有像你的。你所没有要求的，富足、尊荣，我也都会赐给你，使你在世的日子，列王中没有一个人可与你相比的。只要你效仿你的父亲大卫，信仰我，遵守我的律例、诫命，我也会使你长寿。"

所罗门醒了，发现这是自己做的一个梦。他回到了耶路撒冷，站在耶和华的约柜前，献燔祭和平安祭，又为他众臣仆摆设筵席。

一天，有两个妇人来到了所罗门王的门前。

其中一个说："我的主啊！我和这妇人住在同一间房里。我们两个人同住，除此之外，房中再也没有其他人了。她在房里的时候，我生了一个男孩，三天之后，这个妇人也生了个孩子。一天夜里，这个妇人晚上睡觉的时候，不小心将自己的孩子压死了。她就半夜偷偷起来，趁我睡着，把我的孩子抱走放到自己的床上，又将她自己的死孩子放到了我怀里。天要亮的时候，我起来给孩子喂奶，结果发现孩子死了。等到天亮了，我细细地察看，发现这孩子并不是我生的那个，是被她偷换了的。"

所罗门的审判。

另一个妇人立刻反驳说："不对，活的孩子是我的，死的孩子才是你的！"这妇人回道："不是，死的孩子是你的，活的孩子才是我的！"两人在所罗门王面前争论不休，都坚持那活着的孩子是自己的，死的孩子才是对方的。

所罗门王看到她们两人互不相让，便吩咐下人拿了一把刀来。下人将刀送上，所罗门王说:"将这个活的孩子劈成两半,一半给这个妇人,一半给那个妇人。"听到这话,其中一位妇人立刻哭泣起来,跪下祈求说:"请将那孩子给她吧!"可另外的妇人却说:"这孩子也不归我,也不归你,把他劈了吧。"

听到两个妇人的话,所罗门王指着跪在地上的妇人说:"将活的孩子给这妇人,千万不可杀他,因为这妇人才是这孩子的母亲。只有真正的母亲,才会顾及孩子的性命。"

以色列众人听见所罗门王这样判断,都很敬畏他,因为他心里有神的智慧,所以能断案。

"我就应允你所求的,赐你聪明智慧,甚至在你以前没有像你的,在你以后也没有像你的。"耶和华赐给了所罗门王非凡的智慧,从此所罗门王也就成了智慧的象征。西方人习惯于用"as wise as Solomon(像所罗门一样智慧)"这个词组来赞美一个人的聪明。

马太效应

——强者愈强、弱者愈弱

在《新约·马太福音》中有这样一段：

一个人要往外国去，就叫了他的仆人来，把家业交给他们看管。

这人按照每个仆人的才干，分给他们银子，给了第一个仆人五千，给了第二个仆人两千，给了第三个仆人一千。然后，这人就往外国去了。那领了五千银子的，拿着银子去做买卖，另外赚了五千。那领了两千的，也照样另外赚了两千。但那领了一千银子的，把主人的银子藏了起来。

过了很久，那些仆人的主人回来了，开始和他们算账。

那领了五千银子的仆人，又带着那另外的五千来了，说："主人啊！您交给我五千银子，请看，我又给您赚了五千。"主人说："好，你这又善良又忠心的仆人。你可以进来，享受当主人的快乐。"

那领两千的仆人说："主人啊！你交给我两千银子，请看，我又赚了两千。"主人说："好，你这又善良又忠心的仆人。你可以进来，享受当主人的快乐。"

那领一千的仆人也来了，他说："主人啊！我知道你是忍心的人，没有种的地方要收割，没有散的地方要聚敛，我就很害怕。于是我将你的一千银子埋藏在地里，没有动过。请看，你的银子原封不动地在这里。"

主人回答说："你这又恶又懒的仆人，既然你知道我没有种的地方都要收割，没有散的地方都要聚敛，就算把我的银子放给兑换银钱的人，等我回来的时候，也可以连本带利收回来啊！"于是，主人将他那一千夺了过来，给了那有一万银子的。

因为凡是有的，还要加给他，叫他有余；没有的，连他本来有的东西，也要夺过来。

把这无用的仆人，丢在外面的黑暗里，让他哀声哭泣吧！

上面这个故事后来产生了一个很著名的概念——马太效应，指的是强者愈强、弱者愈弱的现象。马太效应广泛存在于社会心理学、教育、金融以及科学等众多领域，揭示了个人和企业资源增长变化的一个规律，是影响个人成功和企业发展的重要法则。

约伯的妻子
(Job's Wife)
——愚昧

在乌斯地有一个人,名叫约伯,他正直、虔诚,敬畏神,远离恶事。约伯生了七个儿子、三个女儿,他的家产有七千只羊,三千匹骆驼,五百对牛,五百头母驴,并有许多仆婢,非常富有。

约伯的儿子按着日子,各在自己家里摆设筵席,就打发人去请了他们的三个姐妹来,与他们一同吃喝。当设宴的日子过了之后,约伯就命人去叫他们自洁,他自己则清早起来,按照他们的人数献燔祭。因为他说:"恐怕我的儿子犯了罪,心中忘掉了神灵。"

他经常做这样的事。

有一天,上帝的众子侍立在耶和华面前,撒旦也来了。

耶和华问撒旦:"你从哪里来?"

撒旦回答说:"我从地上走来走去,往返而来。"

耶和华又问撒旦说:"你是否曾用心察看我的仆人约伯?地上再也没有人像他那样,完全正直,敬畏神,远离恶事。"

撒旦回答道:"约伯敬畏神,并非无缘无故啊!还不是因为你在四周圈上篱笆,围护他和他的家,以及他所有的一切吗?他所做的事都获得了你的赐福,他的家产也在增多,如果你毁掉他所有的一切,他一定会当面抛弃你的。"

听到这些,耶和华便对撒旦说:"我将他所有的东西都交由你处置,但是你不可以伸手加害于他。"

撒旦允诺了耶和华,便离开了。

一天,约伯的儿女们正在他们的长兄家里吃饭、喝酒,忽然有报信的人来见约伯说:"本来牛正在耕地,驴在旁边吃草,但示巴人忽然闯来,把牲畜掳走了,还将其他人都杀了,只有我一个人逃脱了,回来报信。"

这人还没说完的时候,又有一个人来了,说:"神从天上降下火来,将羊群和仆人都烧死了,只有我一个人逃脱了,回来报信给你。"

撒旦的诱惑。

　　他还在说话的时候,又有人来说:"迦勒底人分成三队突然闯来,把骆驼掳走,把仆人都杀了。只有我一个人逃脱,来报信给你。"

　　他还未说完的时候,又有一个人来说:"你的儿女正在他们长兄的家里吃饭、喝酒,突然狂风大作,风将房子吹塌了,压在你的儿女们身上,他们都死了。只有我一个人逃脱,来报信给你。"

　　听到这些,约伯便站了起来,撕裂外袍,剃了头,伏在地上下拜说:"我是赤裸着从母胎中出来的,也将会赤裸着回去。我的东西都是耶和华赏赐的,耶和华收回去也是自然。耶和华的名是应当称颂的。"就算遭遇了这样的事,约伯也不犯罪,也没有认为上帝是愚妄的。

　　又有一天,上帝的众子侍立在耶和华面前,撒旦也来了。

　　耶和华问撒旦说:"你从哪里来?"

　　撒旦回答说:"我从地上走来走去,往返而来。"

　　耶和华又问撒旦说:"你是否曾用心察看我的仆人约伯?地上再也没有人像他那样完全正直,敬畏神,远离恶事。虽然你怂恿我攻击他,无故毁灭他的一切,但他仍保持着他的纯正。"

　　撒旦回答耶和华说:"人以皮代皮,情愿舍去一切,只是为了保全性命。如果你伤害他的骨头和肉,他必定会抛弃对你的信仰。"

　　耶和华便对撒旦说:"我将他交到你手里处置了,只要保留他的性命就行。"

最忠实的信徒约伯。

于是撒旦便从耶和华面前离开了，它打击约伯，让他从脚掌到头顶长满了毒疮。

约伯就坐在炉灰中，用瓦片刮身体。

他的妻子看到他这样子，便对他说："你还要坚持你的纯正信仰吗？你弃掉上帝，死了算了。"

约伯却对妻子说："你真是一个愚顽的妇人。难道我们只能从上帝手中得福，不能受祸吗？"就算遭遇了这样的事，约伯也没有在言词上犯罪，放弃信仰。

见到约伯如此忠诚，耶和华便结束了他的苦境，并赐给他比原来更多的东西。

约伯有了一万四千只羊，六千匹骆驼，一千对牛，一千头母驴，他又有了七个儿子，三个女儿，在全天下的女人中，找不到像约伯的女儿那样貌美的。

此后，约伯又活了一百四十年，见到了他的第四代子孙，直到安详过世。

约伯是上帝最忠实的信徒，就算历经劫难，也绝不改变自己的信仰。而与他可成对比的，则是他的妻子，当面对挫折之时，约伯的妻子便劝丈夫放弃对上帝的信仰，甚至让丈夫一死了之。因为她的愚昧与不坚定，她被视为背离神的女人。

后来，人们也常用"约伯的妻子"，来形容那些愚昧短视、稍微遭受挫折便会改变信仰的女人。

乌利亚的信
（Uriah's Letter）
——带来不幸的东西

一天，太阳快要下山的时候，以色列王大卫从床上起来，在王宫的平顶上散步。

他看见一个妇人在沐浴，妇人容貌甚美，大卫便命人去打听那妇人是谁。有人告诉他，她是以连的女儿，赫人乌利亚的妻子拔示巴。

大卫便派人去将妇人接来。拔示巴到来后，大卫与她同房，之后就让她回家去了。

拔示巴怀了孕，于是打发人去告诉大卫。

大卫派人到约押那里说："你打发乌利亚到我这里来。"约押就打发乌利亚去见大卫。

大卫王。

乌利亚来了，大卫问他约押的情况，也问士兵的情况，又问争战的事怎样。问完后，大卫就对乌利亚说："你回家去，洗洗脚吧！"还送了他一份食物。可是，乌利亚却没有回家，而是和他主人的仆人一起睡在宫门外。

有人告诉大卫说，乌利亚没有回家去。

大卫就叫来乌利亚问："你从远路上来，为什么不回家去呢？"乌利亚对大卫说："约柜和以色列与犹大兵都住在棚里，我主约押和我主的仆人都在田野安营，我怎么可以回家吃喝玩乐，与妻子同寝呢？我曾指着王和王的性命起誓过的。"大卫就吩咐乌利亚说："你今日就住在这里，明日我打发你去。"

于是，乌利亚那两日就住在了耶路撒冷。

大卫召了乌利亚来，叫他在自己面前吃喝，使他喝醉。到了晚上，乌利亚出去与他主的仆人一同住宿，还是没有回到家里去。

大卫想要乌利亚和妻子同寝的计划没能实现，便写了一封信给乌利亚，让他交给约押。乌利亚并不知道，信里写着让约押派自己到战争中最危险的地方去，到了那里，其他人便退后，让他被杀死。

约押收到信，知道敌人在某处有不少勇士，便将乌利亚派去了那里。两方的战争非常激烈,约押这边死了好几个人,乌利亚也战死了。于是,约押差人去将战争的情况告诉大卫,又嘱咐使者说:"你把战争的一切事对王说完了,王如果发怒,问你说,你们打仗为什么挨近城墙呢?难道不知道敌人一定会从城上射箭吗?从前打死耶路比设儿子亚比米勒的是谁呢?难道不是一个妇人从城上抛下一块磨石来,打在他身上,他就死在提备斯了吗?你们为什么挨近城墙呢?你就说,王的仆人赫人乌利亚也死了。"

沐浴的拔示巴。

使者来到耶路撒冷见大卫王,按照约押的吩咐奏报了大卫:"敌人强过我们,出到郊野与我们打仗,我们追杀他们,直到了城门口。射箭的从城上射王的仆人,射死了几个人,赫人乌利亚也死了。"大卫王听了,便对使者说:"你告诉约押,不要因这事愁闷,刀剑或吞灭这人或吞灭那人,没有一定的规律。你只管竭力攻城,将城倾覆。可以用这话勉励约押。"

乌利亚的妻子拔示巴听说丈夫死了,哀哭不已。等哀伤的日子过了,大卫就差人将她接到宫里。耶和华因这事甚不喜悦,他谴责惩罚了大卫,使大卫的孩子夭折。后来拔示巴又生了一个儿子,这孩子就是著名的所罗门王。

大卫为了自己的一己私欲,杀害了一个忠诚的仆人和士兵,而乌利亚的忠诚、正义,更加衬托了大卫的阴暗丑恶。后来,大卫遭到了耶和华的惩罚,但乌利亚已经因为那封暗藏阴谋的信失去了生命,再也无法复活。

这封《圣经》中的信,成了一个可怕的象征,它象征着阴谋与黑暗,它带来了不幸和死亡,也为之后的大卫王带来了耶和华的惩罚,为耶路撒冷带来了灾祸。

乌利亚的信,是不幸和灾祸的象征。

第Ⅲ章

薄伽丘的书房
——来自民间传说的典故

蓝胡子
（Bluebeard）
——杀妻者

从前，有个贵族，他非常富有，但很丑陋，因为长着满脸的蓝色胡子，所以大家都叫他蓝胡子。

蓝胡子独自住在宏伟的城堡里，他曾经娶过六任妻子，但她们都神秘消失了，没有人知道她们去了哪里。大家都猜测是蓝胡子杀了她们，于是再也没有贵族肯把女儿嫁给蓝胡子。

蓝胡子的邻居也是个贵族，但因为家道中落，十分穷困。邻居家有两个英勇的儿子和两个美丽的女儿，蓝胡子向邻居求亲，却遭到了拒绝。为了讨好邻居，蓝胡子便邀请邻居家的母女来自己的城堡做客。

豪华的城堡迷花了母女三人的眼睛。装饰豪华的房间、镶着金边的餐具、各式各样的珍奇点心，服侍周到的仆人们，让虚荣的小女儿非常心动。蓝胡子看出她的心动，向她许诺，只要她愿意嫁给他，就会有数不清的珠宝、华服，她将成为晚宴上最耀眼的贵妇，被所有的女人嫉妒。

小女儿动了心，答应嫁给蓝胡子。

婚后的生活十分快乐，成为新婚妻子的小女儿拥有了无数的钻石项链、天鹅绒礼服，享受着从未有过的奢靡生活。

有一天，蓝胡子有事要远行，他交给妻子一大把钥匙，圆形的、方形的，然后他拿出其中一把小小的黄金钥匙，说："我走了以后，这些钥匙都交由你保管，你可以察看每一个房间，自由动用每一间房里的东西。唯独二楼走廊最深处那个小房间，你千万千万

蓝胡子与公主。

不准进去,如果你进去了,回来后我会狠狠地惩罚你。"说完,蓝胡子拥抱了一下他的妻子,坐上马车离开了。

丈夫走后,妻子开始一间间地检查每一间房子。每一间都放着不同的东西,有的是金银打造的食器,有的是华丽的家具,有的是金银货币,看得妻子眼花缭乱。终于,妻子走到了走廊尽头的小房间外,不起眼的房门不像其他的房间那样雕饰华丽,反而低矮普通,和整个华丽的古堡格格不入。妻子很想打开门,但想起丈夫的嘱咐,她终于放下了钥匙。

蓝胡子的远行去了很久很久,久到妻子已经把其他房间里的东西都看腻了,她百无聊赖地在城堡里穿梭,又来到了那个神秘的小房间前。强烈的好奇心终于按捺不住,她拿起钥匙,抖抖索索地打开了门。

整个房间里阴暗异常,妻子好一会儿才适应这幽暗的环境,但等看清楚房间里的一切时,她吓得跌坐在了地上。房间里靠墙一字排开的是六个棺材,每个棺材里都躺着一个女人,她们正是蓝胡子之前的妻子们。年轻的妻子吓得赶紧起身,逃回自己的卧室,因为太过惊慌,连钥匙也掉落在了地上。捡起钥匙的妻子发现,黄金钥匙上沾上了血迹,不论她如何清洗擦拭,也无法将血迹擦掉。

第二天,蓝胡子回到了城堡,他第一时间向妻子索取钥匙。可怜的妻子战战兢兢地将钥匙交还给了蓝胡子,看到妻子的模样,蓝胡子就已经猜到妻子违背了他的命令,他拿起钥匙,发现了黄金钥匙上的血迹。

"你已经看到了小房间里的东西了?"蓝胡子表情阴沉,恶狠狠地问道。

"不,我不知道,我什么也不知道。"可怜的女人吓得脸色苍白。

"你还是违背了我的命令。你已经看到了我的妻子们了吧!知道她们是怎么死的吗?就是因为她们没有听从我的劝告,放纵自己的好奇心进了那禁忌的房间。你也一样,既然你不能完全听从我的命令,那你就和她们一样,永远留在那个房间吧!"蓝胡子表情狰狞,一步步向妻子逼近。

"我绝对不会把这个秘密泄露给别人的,不管发生什么事,我都会一直保守秘密,直到我死为止。请你相信我。"妻子颤抖地哭喊着,扯着蓝胡子的裤管哀求着,却无法消除蓝胡子的怒气。

"如果你真的非杀我不可,至少要让我在临死前做个祷告吧!"妻子绝望地说。

蓝胡子答应了妻子的请求。

年轻的妻子爬上楼顶,将自己锁在高塔上。

她的哥哥们答应了今天会来看她,她希望这小小的拖延能够等到自己的兄弟,从蓝胡子的刀下救出自己。

可是蓝胡子已经等不及了,他手持钢刀,想要破门而入,将妻子砍死。

就在这时，城堡的大门被人撞开了，两个骑士冲了进来，将利剑刺进了蓝胡子的身体。

他们正是这年轻女人的兄长，及时赶到将妹妹救了出来。

蓝胡子，英文 Bluebeard，也译作青须公，他是法国民间传说中连续杀害自己六任妻子的人，虽然家境富有，但模样吓人，长着难看的蓝色胡须。也有人说，他是以十五世纪残杀幼童的吉尔·德·莱斯为原型的。

有关蓝胡子的传闻后来被改编成了童话故事，在《格林童话》中令人印象深刻，这个从法国民间故事而来的人，曾经是欧洲孩子们枕边最大的噩梦，在后来版本的《格林童话》中，可怕的蓝胡子被删除了。

蓝色胡子的特殊形象，给他的暴虐染上了神秘的色彩，他成了杀妻者的代名词。

豌豆公主
（The Princess and the Pea）
——娇弱与敏感

　　有一位王子，想找到一位公主结婚，但是他在心里暗暗发誓，她必须是一位真正的公主。

　　王子走遍了全世界，想要找到一位真正的公主，但始终没有找到自己想要的。世界上的公主确实很多，但王子无法判断她们究竟是不是真正的公主。她们总有一些地方，让他觉得不对。王子只能伤心地回了家，他越来越想找到一位真正的公主了。

　　一天晚上，下起了可怕的暴风雨，天空里闪着雷电，大雨倾盆而下，令人战栗。

　　忽然，城堡的门外响起了敲门声，仆人走过去打开了门。

　　站在门外的是一位公主。但是，狂风暴雨让她的样子变得很难看，雨水从她的头发和衣服上往下流，流进她的鞋尖，又从脚后跟流出来。可是她说，她是一位真正的公主。

　　"好吧！这一点我们很快就能查证出来的。"皇后听到后心想，但是她什么话也没说。她走进卧室，把所有的被褥全部搬开，将一粒豌豆放在了床上，然后她将二十张床垫子压在了豌豆上，随后又将二十张鸭绒被放在了床垫子上。

　　当天晚上，公主就睡在了这张床上。

　　第二天一早，皇后问公主："昨天晚上睡得怎么样？"

　　"哦，太差劲了！"公主说，"我几乎整夜都无法闭眼。我只知道床上有一粒很硬的东西硌着我了，天知道那是什么东西。你看我被硌得浑身青紫，这太可怕了！"

　　现在，大家都知道，他们找到一位真正的公主了。因为她能感觉到在二十层床垫子和二十张鸭绒被下面的一粒豌豆。

　　除了真正的公主，没有人能有这么敏感娇嫩的肌肤。

　　于是，王子娶了她为妻，因为他知道，他现在得到了一位真正的公主。而这粒豌豆则被送入了博物馆，如果不是有人把它偷走了的话，它现在还在那里呢！

　　而且，这是一个真实的故事哦！

童话作家安徒生。

《豌豆公主》(The Princess and the Pea)是安徒生最有名的童话之一。这个来自民间故事的童话,被解读出了各式各样的寓意。有人说它是在讽刺贵族们娇贵奢靡的生活;也有人说,它说明了一个道理,无论外表变成怎样,本质是永远不会变的,就好像被淋成落汤鸡的公主,娇嫩的肌肤也是不会变的。

安徒生的原意现在已经无从考证,但能确定的是,豌豆公主已经成为形容娇弱敏感,以及被呵护的女性的代名词。如果有人用豌豆公主来形容你,那也许是在说你太过娇贵,也许是在暗示你,他会像王子一样,把你当作真正的公主来呵护的。

鹳鸟
（Stork）
——幸福降临

在一个小城市最偏远的一座屋子上，有一个鹳鸟巢。巢里坐着鹳鸟妈妈和她的四个孩子，孩子们伸出小小的头和小小的黑嘴——因为它们的嘴还没有变红。在屋脊上不远的地方，鹳鸟爸爸直直地站着。它把一只脚缩回去，为的是让自己尝点站岗的艰苦。它站得那么直，人们可能以为它是木头雕的。它想："我太太的巢旁边有一个站岗的，可有面子了。谁也不会知道，我就是她的丈夫。人们一定以为我是奉命站在这里的。真有面子！"于是它就继续用一只脚站下去。

在屋脊下的街上，有一群小孩子在玩耍。当他们看到鹳鸟的时候，其中胆子最大的一个孩子——不一会儿所有的孩子——就唱出一首关于鹳鸟的古老的歌。不过他们只唱着他们所能记得的那一点："鹳鸟，鹳鸟，快些飞走；去呀，今天是你待在家里的时候。你的老婆在巢里睡觉，怀中抱着四个小宝宝。老大将会被吊死，老二将会被打死，老三将会被烧死，老四将会落下来跌死！"

"听听这些孩子唱的什么东西！"小鹳鸟们说，"他们说我们会被吊死和烧死！""你们不要管这些事！"鹳鸟妈妈说，"你们只要不理，什么事也不会有的！"

小孩子们继续唱着，同时用手指着鹳鸟。

只有一位叫彼得的孩子说讥笑动物是一桩罪过，因此他不愿意参加。

鹳鸟妈妈也安慰着她的孩子，"你们不要去理会这类事。"她说，"你们应该看看爸爸站得多么稳，而且它还是用一条腿站着！"

"我们非常害怕。"小鹳鸟们齐声说，同时把头深深地缩进巢里来。

第二天，孩子们又出来玩耍，又看到了这些鹳鸟。他们开始唱道："老大将会被吊死，老二将会被打死……"

"我们会被吊死和打死吗？"小鹳鸟们问。

"不会，当然不会的，"鹳鸟妈妈说，"你们将学会飞翔，我来教你们练习吧！这样我们就可以飞到草地上去，拜访拜访青蛙；它们将会在水里对我们敬礼，唱着歌：'呱——呱！呱——呱！'然后我们就把它们吃掉，那才够痛快呢！"

"那以后呢？"小鹳鸟们问。

"以后，所有的鹳鸟——这国家里所有的鹳鸟——将全体集合，于是秋天的大演习就开始了。这时大家要好好地飞，谁飞得不好，将军就会用嘴把它啄死。所以演习一开始，我们就要好好地学习。"

"到那时候，像小孩子们唱的一样，我们就会被打死了——听吧！他们又在唱了。"

"你们要听我的话，不要听他们的话，"鹳鸟妈妈说，"在这次大演习以后，我们就要飞到温暖的国度里去，远远地从这里飞走，飞过高山和树林。我们将飞到埃及去。那里有三角的石头房子——这些房子的顶是尖的，高高地伸到云层里去。它们名叫金字塔，它们的年龄比鹳鸟所能想象的还要老。这个国度里有一条河。有时它溢出了河床，弄得整个国家全是泥巴。这时我们就可以在泥巴上走，找青蛙吃。"

"哦！"所有的小鹳鸟齐声叹道。

"是的！那地方真舒服！人们整天什么事情都不必做，只是吃喝。当我们在那里享福的时候，这里的树上连一片绿叶子也没有。这里的天气是那么冷，连云块都冻成了小片，落下来像些稀烂的白布片！"她的意思是指雪，不过她没有办法表达清楚。

"顽皮的孩子也会冻成小片吗？"小鹳鸟们问。

"不，他们不会冻成小片的，不过跟那也差不多了。他们得待在黑房间里，愁眉苦脸。相反，你们却飞到外国去，那里有花香，有温暖的太阳光！"

一段时间过去了，小鸟们已经长得很大，可以在巢里站起来，并且远远地向四周眺望。鹳鸟爸爸每天飞回来时总是带着好吃的青蛙、小蛇以及它所能寻到的山珍海味。啊！当它在它们面前玩些小花样的时候，它们是多么高兴啊！它把头一直弯向尾巴上去，把嘴弄得啪啪地响，像一个小拍板。接着它就讲故事给它们听——全是关于沼泽地的故事。

"听着，现在你们得学着飞！"有一天鹳鸟妈妈说。四只小鹳鸟也走出巢来，到屋脊上去。啊！它们走得多么不稳啊！它们把翅膀张开来保持平衡。虽然如此，还是几乎摔下来了。

"请看着我！"妈妈说，"你们要这样把头翘起来！你们要这样把脚伸开！一、二！一、二！你们要想在这个世界上活下去就得这样！"于是，她飞行了短短的一段距离。这些小鹳鸟笨拙地跳了一下。砰！——它们落下来了，因为它们的身体太重了。

"我不要飞了！"一只小鹳鸟说，同时钻进巢里去，"飞不到温暖的国度里去我也不在乎！"

"当冬天来了的时候,你想在这里冻死吗?你想让那些小孩子来把你吊死、烧死、烤焦吗?我现在可要叫他们来啦!"

"哦!不要叫吧!"这只小鹳鸟说,同时像别的小鹳鸟一样,又跳到屋顶上来了。

到第三天,它们能够真正飞一点了。于是它们就以为它们可以在空中坐着,在空中休息了。它们试了一下,可是——砰!——他们翻下来了,所以它们又得赶忙拍着翅膀。

现在小孩子们又走到街上来了。他们唱着歌:"鹳鸟,鹳鸟,快些飞走!"

"我们飞下去把他们的眼珠啄出来好吗?"小鹳鸟们问。

"不可以,"妈妈说,"让他们去吧!听我的话——这是更重要的事情!一、二、三!——现在我们可以向右飞!一、二、三!——现在我们可以向左绕着烟囱飞!看,这样飞好多了!你们的翅膀最后拍的那一下子非常好,非常利落,明天我可以准许你们和我一起到沼泽地去!有好几个可爱的鹳鸟家庭带着孩子到那里去。让我看看,我的孩子最漂亮。把头昂起来,这样才好看,这样才能得到别人的钦佩!"

"不过,对那几个顽皮的孩子,我们不报复他们一下吗?"小鹳鸟们问。

"他们要怎样叫就让他们怎样叫吧!当他们冻得发抖的时候,当他们连一片绿叶子或一个甜苹果也没有的时候,你们将远走高飞,飞到金字塔的国度里去。"

"是的,我们要报复一下!"它们互相私语,又开始练习。

在街上的这些顽皮孩子中,最糟糕的是那个最喜欢唱挖苦人的歌的孩子。歌就是他带头唱起来的,而且他还是一个非常小的孩子哩!他还不到六岁,但小鹳鸟们相信他有一百岁了,因为他比鹳鸟爸爸和妈妈不知要大多少。事实上它们怎么会知道小孩子和大人的岁数呢?它们要在这个孩子身上报仇,因为带头唱歌的就是他,而且他一直在唱。小鹳鸟们非常生气。它们越长大,就越不能忍受这种歌。最后妈妈只好答应准许它们报仇,但是必须等到它们住在这国家的最后一天才能行动。

"我们得先看一看你们在这次大演习中的表现怎样?如果你们的成绩很坏,弄得将军不得不用嘴啄你们的前胸,那么那些小孩子说的话就是对的了,至少在某一方面是如此!我们看吧!"

"是的,你看吧!"小鹳鸟们齐声说。于是它们把一切力气都拿出来,每天练习。它们飞得那么整齐和轻松,即使看它们一眼都是快乐的事情。

现在秋天到来了。所有的鹳鸟开始集合,准备在过冬的时候,向温暖的国度飞去。这是一次演习!它们得飞过树林和村子,试试它们究竟能飞得多好。它们知道这是一次大规模的飞行。这些年轻的鹳鸟们得到了很好的成绩,获得了"善于捉青蛙和小蛇"的评语。这算是最高的分数了。它们可以吃掉青蛙和小蛇,实际上它们也这样做了。

"现在我们要报仇了!"它们说。

"是的,没错!"鹳鸟妈妈说,"我现在想出了一个最好的方法!我知道有一个水池,里面睡着许多婴儿。他们在等待鹳鸟来把他们送到他们的父母那里去。这些美丽的婴儿在做些甜蜜的梦——那些他们今后不会再做到的甜蜜的梦。所有的父母都希望能得到这样一个孩子,而所有的孩子都希望有这样一个兄弟或姐妹。现在我们可以飞到那个池子里去,送给那些没有唱过讨厌的歌或讥笑过鹳鸟的孩子每人一个弟弟或妹妹。那些唱过的孩子一个也不给!"

"不过那个开头唱的孩子——那个顽皮的丑孩子!"小鹳鸟们都叫出声来,"我们应该对他怎么办?"

"那个池子里还有一个死了的孩子——一个做梦做死了的孩子。我们就把这个孩子送给他吧!那么他就会哭,因为我们带给他一个死了的小弟弟。不过那个好孩子——你们还没有忘记他吧——他说过:'讥笑动物是一桩罪过!'我们将特地送给他一个弟弟或妹妹。因为他的名字叫作彼得,所以你们大家也叫彼得吧!"

她所说的这句话大家都遵从了。所有的鹳鸟都叫彼得,它们现在还叫这个名字呢!

鹳鸟是西方人非常喜爱的一种鸟类,它们在人类的屋顶上筑巢,生儿育女,被西方人视为家庭成员。

这篇《安徒生童话》中,鹳鸟送子的故事正来自西方的民间传说。西方人相信,婴儿是在母亲分娩时,由鹳鸟从天上送来的,而婴儿出生时背后的胎记,正是鹳鸟叼着孩子时产生的。所以,当西方人家中添丁时,都会在门上挂一幅鹳鸟的图片,以告知大家家中增添人口的喜讯。

正因为如此,鹳鸟在西方也就被视为幸福的使者,它的到来,预示着幸福的降临。

阿尔米达的花园

（Armida's Garden）

——美妙的地方

第一次十字军东征期间，法兰克王子，布永的戈弗雷率领十字军包围了耶路撒冷，与他在一起的，还有他手下的第一勇士里纳尔多，以及戈弗雷的女儿、里纳尔多的恋人阿尔米莱娜。

为了对付戈弗雷的军队，防守耶路撒冷的阿拉伯国王阿甘特提出休战三天，戈弗雷答应了他的要求。

阿甘特请来了女巫阿尔米达，这位女巫曾经把一些十字军士兵变成野兽，阿甘特请求她降伏里纳尔多，希望能够通过杀死十字军队伍里最重要的将领，来削弱十字军的力量。

阿尔米达来到了耶路撒冷城外，找到了十字军骑士的部队，对他们说，自己是大马士革的合法统治者，但她邪恶的叔叔伊卓奥特夺走了自己的王位，希望戈弗雷能够帮助自己夺回王位。

戈弗雷答应帮助阿尔米达，他选了里纳尔多和十名士兵，让他们陪伴阿尔米达回去。

现在，阿尔米达得到了近距离接触里纳尔多的机会，只要趁里纳尔多不注意的时候，她就能将匕首刺入里纳尔多的心脏，结束他的生命。可是，有些事情就是这么令人捉摸不透，丘比特拉开了爱的弓箭，射中了阿尔米达，让她爱上了眼前这个英俊勇武的骑士。

陷入爱情的阿尔米达决定放弃她的任务，她用巫术蛊惑了里纳尔多，让里纳尔多迷恋上自己。里纳尔多原本就有一位恋人阿尔米莱娜，他的变心让其他的士兵非常不满，他们指责里纳尔多，说他是个好色之徒。迷乱的里纳尔多和他们争执起来，并失手杀死了其中一个士兵杰尔南多。其他士兵试图抓住里纳尔多，阿尔米达便

布永的戈弗雷。

用魔法召唤来了暴风雨,阻挡了士兵们的脚步,带着里纳尔多逃走了。

得到里纳尔多的阿尔米达用魔法建造了一座花园,与里纳尔多在花园里过着幸福的日子。花园里的宫殿用五彩的大理石修建而成,宫殿里展示着各种金属的、石雕的工艺品。花园里盛放着各式各样的鲜花,各种珍奇的树木令人目不暇接,清澈的小溪从花园里流过,溪流中美丽的金鱼不时游过。天空是永恒的碧蓝,各种轻巧的鸟从天空中飞来,在树间跳跃低吟。这花园有着神奇的魔力,进来的人都会忘记过去的一切,忘记自己是谁,一心在这世外桃源中享受着安逸舒适的生活。里纳尔多就这样忘记了自己骑士的职责,完全沉浸于这魔幻花园的岁月。

在花园外,戈弗雷得知了阿尔米达是女巫的真相,知道里纳尔多已被巫术蛊惑,他派出两个骑士,让他们找回里纳尔多。两个骑士找到了阿尔米达的魔法花园,历经千辛万苦,终于突破了花园外护卫着的猛狮和蟒蛇,进入了花园。

骑士们找到里纳尔多,给了他一个钻石制成的镜子。在镜子里,里纳尔多看见了自己全副武装的形象,他猛地醒悟,回忆起了自己的身份和职责,从阿尔米达的巫术中清醒了过来。

清醒的里纳尔多重新拿起了武器,离开了阿尔米达,回到了自己真正属于的战场,也回到了自己真正的恋人阿尔米莱娜身边。

后来,在他的努力下,十字军占领了耶路撒冷,里纳尔多也说服了阿尔米达,放弃她邪恶魔力的来源,皈依了基督教。

十字军占领耶路撒冷。

1580 年,文艺复兴时期的文学巨匠,意大利诗人塔索创作了他的史诗巨著《耶路撒冷的解放》,这部史诗描述了戈弗雷率领第一次十字军远征,最后攻占了耶路撒冷的全部过程,包括十字军骑士里纳尔多与阿拉伯美女阿尔米达之间的爱情故事。直到现在,这个故事还是百老汇舞台上最令人赞赏的歌剧之一。

　　除此之外,这个故事还为我们贡献了一个著名的典故——阿尔米达的花园(Armida's Garden),那个传说中充满着魔力,让人流连忘返的花园,后来多被用来形容奇妙的、美丽的地方。安徒生在他的《树精》一文中,就曾写过:"她是在阿尔米达的魔幻花园中吗？这个地方叫什么名字？"

艾斯瓦尼之梦
（Aswani Dream）
——白日梦

　　理发匠总共兄弟六人，他们的父亲死后，留给他们六百个铜币，每个兄弟分到了一百个。理发匠的第四个兄弟名叫艾斯瓦尼，原本他非常穷，只能靠乞讨维生，现在得了这一百个铜币，决定去做点生意。

　　想来想去，艾斯瓦尼想到做玻璃器皿生意可以赚钱，于是就用这一百个铜币买了各式各样的玻璃器皿，然后将它们放在一个大篓子里，背到市集上去卖。

　　市集上人很多，但一直没有人前来光顾艾斯瓦尼的生意。百无聊赖的艾斯瓦尼靠着墙，一边等着顾客，一边开始规划起卖掉玻璃器皿后的生活："等我卖掉这些玻璃器皿，就可以多赚到一百个铜币，这样我就有了两百个铜币。我用这两百个铜币再去买一批玻璃器皿，就可以卖到四百个铜币。我再用这四百个铜币去买玻璃器皿，这样卖完了再去买，买完了再卖，不断地买卖下去，我就可以赚到足够的钱。如果我有了钱，我就改做珠宝和香料的大生意。等我赚到更多的钱，我就买一栋漂亮的大房子，雇几个女仆，每天吃好的、喝好的、玩好的……等我赚到十万个金币，我就去向公主或者宰相的女儿求婚。我会用一千个金币作为聘礼，还要给自己买一套华丽的婚服。整个婚礼要非常地隆重，要有美酒，我要请许许多多的人来观礼，让他们知道我究竟有多富有。新娘要来恳求我和她成婚，我却根本不在乎她，任由她站在一边。新娘缠绵地把酒送到我的嘴边，说：'你一定要喝掉它。'这时我就会摆着手推开她，并一脚踢过去……"

　　艾斯瓦尼想着想着，不由得下意识抬脚一踢，正好踢到放在地上的篓子上。只听到一阵砰砰砰的声音，艾斯瓦尼这才从遐想中惊醒过来，结果发现，因为用力过猛，他将自己的玻璃器皿全都踢碎了。

　　看着一地的碎片，艾斯瓦尼气得大哭起来，不住地打自己的耳光。周围的人都同情地看着他，但已经晚了，他唯一的一百个铜币已经没有了，他又重新变成了一个穷光蛋。

这个故事来自《一千零一夜》中《理发匠第四个兄弟的故事》，讲述了艾斯瓦尼的一个白日梦，因此艾斯瓦尼之梦被引申为"过早的乐观"或"想入非非"的意思。

这类故事非常多，如《一千零一夜》中的《修行者和奶油罐的故事》，除故事人物与所踢之物稍有不同外，其余情节基本相似，又如著名的"黄粱一梦"，还有民间流传的"一个鸡蛋"或"踏破瓮"的故事。

法国画家布朗热（Gustave Boulanger）所画的《一千零一夜》。

鳄鱼的眼泪
（Crocodile Tears）

——伪善

鳄鱼在河里等了好几天，也没能等到入口的美食，它决定到陆地上去碰碰运气。它从河里爬出来，沿着田野爬行，它不停地往前爬，一直爬到了沙漠。

沙漠里是无边无际的黄沙，连一根草也没有。烈日当空，沙砾滚烫，鳄鱼已经爬得精疲力竭，再也没有力气前进了。它躺在沙地上，喘着粗气，想着该如何离开这地方。

就在这时，一个年轻人走了过来，看到他，鳄鱼想，我得救了。它向那小伙子高声喊道："朋友，请您到我这里来！"

年轻人听到喊声，顺从地走了过来。

"朋友，我看你一定是个英雄，"鳄鱼装出一副亲切的样子，"你的双腿像棕树的树干一样坚定有力。我迷路了，身子也不舒服，再也没有力气返回河里了。可是对你来说，把我带到河边去是一件轻而易举的小事，行行好，帮帮忙吧！等回到了河里，我会报答你的。"说着，鳄鱼还挤出了几滴眼泪。

年轻人想，它看上去确实快不行了，那我就把它送回河里吧！于是，他将鳄鱼扶起来，背在背上上路了。

经过长途跋涉，年轻人终于将鳄鱼送到了河边。鳄鱼又从眼睛里挤出几滴泪水，说："年轻人，你的热心让我太感动了。所以，本来我可以毫不费力地吃掉你，但是我不会这样做，现在我只要你的一条腿就行了。"

年轻人又气愤又惊讶，他叫道："我救了你，你不报答我就算了，反而要吃掉我一条腿吗？"

"啊！年轻人，"鳄鱼打断了小伙子的话，流着眼泪说，"你没有察觉我的感激之情吗？要知道，我本来可以一口把你吞下肚子的。"

两人的争论吵醒了正在打瞌睡的苍鹭，苍鹭大声喊道："喂！你们在那里干什么呀？为什么吵个不休？"

小伙子跟苍鹭讲述了事情的经过："苍鹭先生请你评评理，这件事到底谁是谁非呢？"

苍鹭听了年轻人的故事，对他说："我不相信你能够背动鳄鱼先生，它看上去那么重，你怎么能将它从沙漠背到这里呢？为了使我信服，你得先让我看看，你是怎样做到的。你把鳄鱼先生背回原来的地方让我看看。"

年轻人答应了苍鹭的要求，又把鳄鱼背起来，背到原来的地方。苍鹭也一本正经地跟在他们的后面。

"好了，年轻人，现在你将鳄鱼放到地上。"苍鹭又问鳄鱼，"鳄鱼兄弟，是这个地方吗？"鳄鱼点点头。

"如果没有这个年轻人的帮助，你能够自救吗？"苍鹭又问道。

鳄鱼温驯地回答说："不能。"

"那么，年轻人，"苍鹭说，"现在由你决定，你还打算重新救它吗？"

年轻人笑了："我不想再和伪君子、骗子打交道了。"

说完，他就和苍鹭一起离开了。

在西方典故中，鳄鱼是一种狡猾奸诈的动物，它在攻击其他生物的时候，会流下眼泪，使对方被假象麻痹而对它放松警惕，在对方毫无防范的状态下将其吞噬。鳄鱼在进食的时候也会流泪，看上去似乎在对自己的暴行进行忏悔。所以，鳄鱼的眼泪就被用来比喻虚假、伪善。

其实鳄鱼流泪，是因为它先天性肾脏发育不全，无法排出盐分，需要依靠眼睛附近的导管，排出身体里多余的盐分，所以看上去，就好像是它在流泪。

尽管鳄鱼流泪的真相已经揭开了，但是这个俗语流传了下来，人们用它来形容那些假惺惺的，一面伤害别人、一面装出悲悯善良之态的阴险狡诈之徒。

吃不到的葡萄总是酸的

(Some People Pretend to Despise the Things They Cannot Have)

——自欺欺人

这是一个炎热的夏日，一只狐狸已经在太阳下走了很远的路，它非常口渴，但一直没能找到水源。

就在这时，它经过了一个果园，果园里是密密的葡萄架，架子上挂满了晶莹剔透、成熟多汁的葡萄。看到那累累的果实，狐狸的口水都流出来了。它从早上到现在一点东西都没吃过呢！在烈日下走了那么久，又渴又累，这些葡萄是多好的食物啊！

伊索，古希腊著名的哲学家、文学家，善于讲述极富哲理的寓言故事。

想到这里，狐狸停下脚步，钻进了果园。可是，葡萄都高高地长在葡萄架上呢！狐狸后退了几步，再向前冲去，跳起来，试图够到葡萄，但是，架子太高了，它根本没办法够到葡萄。

狐狸并没有放弃，它又多后退了几步，再次向前冲过去，想要摘下葡萄，可是还是失败了。

就这样，一次、两次、三次直到无数次，狐狸精疲力尽，却还是无法摘到葡萄。

最后，狐狸打算放弃了，可是它不甘心，就昂着头对自己说："我敢肯定，这些葡萄都是酸的，不然它们早就被吃光了。"

《伊索寓言》中有许多关于狐狸的故事，这个狐狸与葡萄的故事是其中之一。伊索为这个故事取名为《吃不到的葡萄总是酸的》，讽刺的正是那些自欺欺人，自己得不到就进行诋毁的人。

天鹅之歌
（Swan Song）
——最后的乐章

从前，遥远的国度有一个王子，他生得高大英俊，更重要的是，他有着非常迷人的音色，当他唱起歌来的时候，连百灵鸟都会被他迷住，再也不好意思唱歌。

王子到了该结婚的年龄，因为自己太过出色，王子非常骄傲，国王和王后为他找了很多的姑娘，他都不满意。国王和王后非常发愁，但他们已经找遍了国内的姑娘，都没有能让王子满意的，最后，国王只能吩咐大臣对外宣布王子求亲的消息，寻找其他国度里的公主，看能否获得王子的青睐。

王子的优秀很快便吸引了其他国家的公主。首先来到的是一位北国的公主。公主的美丽吸引了宫殿里所有人的注意，她黄金一般的头发从头顶一直垂到脚跟，她蓝色的眼睛令天空也失去了光彩。公主有礼貌地向王子问好，王子却大叫起来："公主，你虽然美丽，但声音太难听了。我不能和有这种嗓音的人一起生活！"大家都被王子的话惊呆了，公主更是气愤，她大声说："我们既可以互相爱慕，也可以互相轻视！"说完，头也不回地离开了。

国王和王后见到王子的行为，赶紧劝告他不可如此傲慢无礼，可是王子只是淡淡地回答："我有权选择自己的妻子呀！"

第二个到来的是南国公主。南国公主的皮肤像煤炭一样黑，乌黑的头发像铁丝一样打着圈，可是，她的声音像百灵鸟一样动人，说话时就好像唱着歌一般轻灵。王子一看到她就开口说："你虽然有一副可爱的嗓子，却是个丑八怪，我不要你这样的人做我的终身伴侣。"王宫里的人慌成一团，想要向公主解释，但公主已经怒气冲冲地开口："我们既可以互相爱慕，也可以互相憎恨！"说完，她就离开了。

国王和王后埋怨王子的不礼貌："就连平民百姓也不会有这样粗鲁的行为，你身为王子，怎么能这样做呢？"可是王子高昂着头："别说我是王子，就是平民百姓也总有选择自己妻子的权利吧！"

第三个到来的是东国公主。东国公主有着象牙色的皮肤，娇嫩得就好像阳光下的花朵，她的声音就好像风中的风铃，清脆动听。王子便向公主请求说："美丽的公主,你是迷人的,但是请你为我唱首歌好吗?"公主点点头,唱了一首王子从来没听过的东方歌曲。歌还没唱完,王子就用手势阻止了她:"我不喜欢你的音乐,我不能娶你做我的妻子。"公主听到这话,平静地说:"我们既可以互相爱慕,也可以互相忘记。"说完,转身离开了。

国王和王后大为生气,责怪王子道:"你还像个有教养的人吗? 这些公主都是出身高贵的人啊!"可是王子毫不在意:"我想自己是有权选择妻子的。"

第四个到来的是西国公主。公主有着乌鸦翅膀颜色一般的黑发,头上插着美丽的羽毛。看到她,王子开口道:"公主,坦白地说,你长得并不怎么样,但也许你有动听的歌喉。可以为我唱首歌吗?""但我从来就不会唱歌。"公主回答道。"那么你大老远赶来做什么? 我才不愿和你结婚呢!"王子不耐烦地叫了起来。其他人都因为王子的无礼而万分尴尬,但西国公主不慌不忙地说:"我们既可以互相爱慕,也可以互相原谅。"说完,她就回去了。

国王和王后不停地摇着头,大声骂道:"从来没见过像你这么没礼貌、没教养的骄傲东西,难道你就只会考虑自己,从不顾及别人吗?"王子并不肯认错:"我有权选择自己的妻子。"

王子的话音刚落,外面响起了号角声,又一位公主来到了。走进来的公主吸引了所有人的目光,她那惊人的美貌像阳光一样照亮了整个王宫。王子也被她迷住了,他走到公主的身边说:"啊! 你真是天下少有的美人! 公主,你能不能为我唱一首歌呢?"公主唱起歌来,她那圆润的歌喉和优美的旋律,使所有的人都如醉如痴。歌声一停,王子就跪在公主的面前说:"公主,你愿意和我结婚吗?"可是,那公主后退了一步,指着王子说:"我才不是什么公主呢! 我是仙女,从谦虚国来,我爱着一切贫穷的、丑陋的、没天赋的平凡人。听说你是人类中最骄傲的家伙,所以特地化了装到这里来的,为的是给你一个终生难忘的教训。骄傲的王子,我将把你变成一只天鹅,你再也不会有人类的模样,你必时在水里看见自己现在的样子,再也无法因为长相骄傲。还有,从此之后,你再也不能唱歌,这会让你死去的。"

公主的话音刚落,王子就变成了一只洁白的天鹅。国王和王后伤心极了,他们在花园里挖了个池塘,将天鹅养了起来,用最好的食物喂养它。可是,曾经最爱歌唱的王子,再也不敢唱歌了,因为这会让他死去的。

日夜更替,四季轮换,一转眼几年过去了。

这天,一个双腿残疾的小女孩被她的母亲推着来到了王宫花园的池塘旁,看到孤单单待在湖面的天鹅,小女孩向她母亲感叹说:"妈妈,妈妈,你看这美丽的天鹅多可爱呀!"小女孩的赞美使变成天鹅后的王子第一次尝到了欢乐的滋味。

这时,花园深处又传来了隐隐约约的乐曲声。小女孩又叫了起来:"音乐! 妈妈,你听!这音乐多好听啊!""唉!要是我有能力,我就让全世界最美的天鹅都到这里来,我还要请全世界最好的乐师,天天为我这可怜的女儿演奏!"母亲叹息道。

听到这话,王子不由得为这小姑娘感到哀伤,她的愿望是如此单纯,却又难以实现,如果能让这小女孩享受到幸福,那该有多好。于是,王子张开了嘴,优美的歌声从它高昂的喉咙里发了出来,乐声回荡在池塘的上空,整个世界都仿佛因为这音乐安静了。

小女孩脸上绽放了幸福的微笑,不一会儿,奇迹出现了:她快乐无比地放声大笑,竟然从轮椅上站了起来,一步步地向池边走去,走到了天鹅的身边。看到女儿的奇迹,母亲不由得跪了下来,虔诚地向这神迹感恩。这时,王宫的人们也都被美妙的乐曲吸引了过来,他们站在池边,一动也不动地聆听这天籁之音。

每唱出一个音符,王子的心就像被刀割了一下,疼痛难忍,但现在他一点儿也不在乎了,只要能使小女孩快乐幸福就行了。正因为有了这种感觉,他的歌声就显得更悲壮、更美妙、更动人了。他做王子的时候可从没唱得这么动听过啊!

一曲终了,天鹅低垂下它高贵的头颅,死去了。

这个童话故事来自西方的民间故事。人们认为,天鹅会在临死之前唱出它们最动人的歌。布封在其作品《天鹅》中说:"我们在它的鸣叫里,或者宁可说在它的嗓喉里,听出一种有节奏、有曲折的歌声,有如军号般响亮,不过这种尖锐的、少变换的音调有别于我们的鸣禽的那种温柔的和声与悠扬朗润的音调变化。此外,古人不仅把天鹅说成一个神奇的歌手,他们还认为,在一切临终时有所感触的生物中,只有天鹅会在弥留时歌唱,用和谐的声音作为最后的叹息。据他们说,天鹅发出这样柔和、这样动人的声调,是在它将要断气的时候,它是要对生命做一个哀痛而深情的告别。这种声调,如怨如诉,低沉地、悲伤地、凄黯地构成了它自己的丧歌。他们又说,人们可以听到这种歌声,是在朝暾初上、风浪即平的时候,甚至还有人看到许多天鹅唱着自己的挽歌,在音乐声中气绝了……无疑地,天鹅并不歌唱自己的死亡。但是,每逢谈到一个天才临终前所做的最后一次飞扬、最后一次辉煌表现的时候,人们总是无限感慨地想到这样一句动人的话:'这是天鹅之歌!'"

此后,"天鹅之歌"就被用来形容最后的乐章。现代有许多乐评家或是文章在描写某某大师最后的作品时,都习惯以"天鹅之歌"来形容。

布里丹毛驴
(Buridan's Donkey)
——犹豫不决

两个牧童在山中发现了一个狼穴,狼穴中有两只小狼。他们商量,每人捉一只小狼,然后分别爬上距离数十步的两棵树躲好。没多久,大狼回来了,它发现穴中自己的孩子不见了,非常紧张。这时,一个牧童故意在树上拧小狼的耳朵,让小狼开始叫唤。大狼听到小狼的声音,找到了自己的孩子,它愤怒地奔到树下,一边叫着一边开始抓挠树干。另外一个牧童又开始在另一棵树上拧小狼让它大声嚎叫,大狼听到声音,四处张望,这才发现自己的另外一个孩子在不远处的树上。于是它便放弃了这边赶到那边,像之前那样嚎叫抓挠。前一棵树上的牧童又让小狼嚎叫,大狼又转身扑了过去。这样反复来往,大狼的嘴里没有停止过嚎叫,脚下没有停止过奔跑,来回数十次之后,大狼跑得越来越慢了,声音也渐渐小了;最后,大狼奄奄一息,僵直地躺在地上,很久都不动弹。牧童从树上下来看时,发现大狼已经断气了。

这个小故事很好地诠释了一个有趣的现象——布里丹毛驴效应。

布里丹毛驴来自著名的《拉封丹寓言》:一头布里丹的毛驴外出寻找食物,发现了两堆相距不远的草料。东边是一堆干草料,西边是一堆新鲜的嫩草。驴子跑到大堆的干草料处,刚要开始吃,突然想到西边的草料新鲜,肯定更好吃;于是它又跑到西边的鲜草边,可是等它刚要吃,它又想,这堆草虽然很嫩,可是那堆干草更大,要是别的驴子把那一大堆干草料吃光的话,自己就要饿肚子了,还是回去吃干草吧!毛驴不停地往返于两堆草料之间,犹豫不决,始终无法决定选择哪堆草料,就这样,它在无所适从中活活地饿死了。

法国哲学家布里丹(1295—1358)证明了在两个相反而又完全平衡的推力下,物体要随意行动是不可能的。布里丹毛驴效应,指的就是决策过程中犹豫不定、迟疑不决的现象。生活中,人们在各种选择面前往往思虑太多,而让机会流逝了。所以,在机会面前,要当机立断,迅速做出合适的决策。

第 Ⅳ 章

缪斯的恩赐

——来自文学作品的典故

香格里拉
（Shangri-la）
——世外桃源

（虚构故事）二十世纪三十年代初，因为南亚次大陆的国家巴司库发生暴乱，英国领事馆领事康维带着副领事马林逊、美国人巴纳德和传教士布琳克洛小姐乘坐一架小型飞机撤离巴司库，打算飞往巴基斯坦的白沙瓦避难。飞行途中，一个偷偷藏在飞机上的土著人劫持了飞机，使得飞机偏离了原定航线，在半路中坠落了。

飞机坠落到了一个陌生的地方，飞行员不幸遇难了，但飞机上的乘客们都没有受伤。他们所能看到的，是绵延重叠的雪山峰峦，被冰雪装扮得银装素裹，雪峰仿佛浮在绵绵的云层之上。人们只能隐约猜到，这是喀喇昆仑山，却无法分清这到底是印度还是西藏。飞行员在临终前告诉他们，这里是藏区，沿着山谷走过去，能看到一座喇嘛寺，叫作香格里拉。他们可以到那里寻到些吃的，还可以避避风寒。

在他们前往香格里拉的路上，遇到一位能讲纯正英语的张姓汉族老人。老人告诉他们，要到香格里拉，必须通过山谷前那高耸入云的雪山——卡拉卡尔，意即蓝月亮（Blue Moon，英文中有几乎不可能的、绝无仅有的含意）。老人带着他们，爬过高耸入云的雪峰，终于见到了那以一种花瓣似的精美与雅致巧妙地镶嵌于悬崖之上的，富丽而又高雅的香格里拉喇嘛庙。

峡谷的底部深得模糊不清，只能看到满眼的翠绿，风被挡在了外面，上方有雄踞的喇嘛寺俯瞰着峡谷，一片色彩纷呈的亭台楼阁紧紧依偎在山腰，背后是卡拉卡尔壮丽的银峰雪壁。这真是世界上最夺人心魄的雄奇山景了。稀薄的空气中泛起一层淡淡的云烟，仿佛是梦中的纱帐，与瓷青色的天空相映成趣。随着每一次呼吸，每一次凝望，康维渐渐沉入一种深深的近乎迷醉的平静。

走入喇嘛庙，康维更惊异地发现，这雪峰之上的寺庙竟然把西方的卫生技术工艺与那么多东方的传统艺术完美结合了起来。这里有中央供暖系统，有精致的浴室；当地人还用汉族那套时髦规矩来招待他，给他清洗耳朵和鼻孔，然后用一支细细的丝绸药签在他的眼睑下方来回地擦拭；味道精妙的中式食物中，还特意为他们添加了改善呼吸功能的药草。

幸存的四位乘客得知,能带他们出山的商队要两个月之后才能到来,他们不得不在喇嘛庙住了下来。

更深地接触香格里拉,让他们发现了更多不可思议的事情,这里藏着精美的珍珠蓝宋朝陶器,珍藏了千年以上的水墨画,以及数不清的典藏古籍,甚至包括了英文、法文、德文以及俄文版的书籍,这里还有一位叫作罗珍的满族皇家小姐擅长西方乐器。

在和张姓老人以及大喇嘛的交谈下,康维发现,他们奉行中庸之道,相信道义可以带来幸福。他们用中庸的严谨来规范自身,反过来又满足于中庸的遵从。居民的信仰和习俗不相同,但彼此团结友爱,幸福安康。他们躲开了时间的侵蚀,在宁静山谷中享受着不断延续的岁月,步入节制简朴而平静惬意的境界,甚至连死神都无法将之夺取。康维得知,飞机的意外并非偶然,而是那位土著人有意为之,他想要帮大喇嘛寻找到合适的继承人。而现在,大喇嘛选择了康维作为自己的继承人,他承诺将会带给康维可以延长的青春岁月,以及长久的安宁和觉悟。

香格里拉迷人的环境让康维考虑永远留下来,但他发现,自己爱上了美丽的罗珍,而这年轻的小姑娘已经与马林逊相互倾慕,并打算跟着他离开这全是老人的茫茫雪谷。失恋让康维深受打击,但他决定帮助这对恋人离开雪谷。借着到来的商队,他们离开了香格里拉。

当康维再次出现时,是在重庆的教会医院。一个看上去很老,"比我所见过的任何人都老"的女人将他送进了医院后,就消失了。这时的康维已丧失了走出香格里拉后的记忆,马林逊不知所踪,而那个很老很老的女人,是那个看上去只有十八岁的罗珍吗?

上面这个神奇的故事,来自英国小说家詹姆斯·希尔顿的《消失的地平线》一书,书中描写了地处西藏的一个宛如仙境的世外桃源。因为故事的男主角很像一位多次在中国游历的英国探险家约瑟夫·洛克,所以很多人相信,书中的香格里拉真实存在于这个世界上。之后,无数的研究者想要找到香格里拉真实存在的证据,但这故事中的香格里拉太过美好,它存在于文字里,存在于人们心中,世间难寻。

那仙境一般,不受岁月、战争、疾病、死亡侵袭的地方,成了西方人心目中向往的圣地。从此以后,香格里拉(Shangri-la)成为英文中世外桃源的代名词。

乌托邦

（Utopia）

——幻想乐园

托马斯·莫尔在他的《乌托邦》一书中，虚构了一个叫作乌托邦的岛屿。

空想社会主义者托马斯·莫尔。

这座新月形的小岛被陆地环绕，因为不会遭到风浪的侵袭，海湾平静无波，船舶得以通航各地。岛上有一条巨大的阿尼德罗河，河的发源处周边被修上工事，以防止敌人进攻。城市里有宽阔的大路，路的两边是鳞次栉比的建筑，住屋后面是宽敞的花园，园中种满葡萄、各种果树及花花草草，郁郁葱葱。每家前门通街，后门通花园，所有的房子都装折门，门不上锁，所有人都可以任意进出。事实上，这里没有一样东西是私产，居民们每隔十年用抽签的方式调换房屋。他们穿着同样款式的衣服，只有男、女或者已婚、未婚的区别。他们并不追求服装的华丽和数量，却保证衣物的洁净，更重要的是，他们的衣服都是自己制作的。

乌托邦人不分男、女都以务农为业，除了农业，他们还得各学一项专门的手艺，如毛织或冶炼。男人会负担比较繁重的工作，但没有一个人是闲着不做事的。大家都辛勤地做他们的本行，却不至于太过辛劳，他们每天只工作六小时，此外的空闲时间则用于学术讨论。这里没有那些饱食终日的贵族老爷，没有游手好闲的懒汉，也没有乞丐。因为每个人都在工作，这里的物质异常丰富，足以满足每个人的需要。

这里的人们都集中到厅馆用膳，食物按照人数被平均地分给众人。这里有四所公立医院,宽大、整洁,保证每个患者都能得到及时的治疗。因为医院的亲切和专业,人们都乐于在这里住院。

每年,这里的每三十户居民会选出一名官员,称为飞拉哈。每十名飞拉哈以及其下所掌管的各户隶属于一个高级官员,叫作首席飞拉哈。所有的飞拉哈加起来共两百名,他们经过宣誓对他们认为最能胜任的人进行选举,用秘密投票的方式公推一个总督。总督是终身职位,除非有阴谋施行暴政的嫌疑,才会遭到废黜。任何涉及国家的事,都需经议事会讨论决策。公事是禁止在议事会外讨论的,以避免总督和官员们共谋对人民进行专制压迫。

因为工作清闲以及物质丰盛,这里的人有足够的时间去进行各学科的研究。如果一个人在学问上有了成绩,就可以摆脱手艺人的工作,而专心研究学问,反之,如果一个做学问的人辜负了人们对他的期望,他就可能被调回去做工。

这里的人们友善而温和,他们视金钱如粪土,认为戴着越多金器的人越贫贱,他们甚至用穿戴金器来惩罚犯错的人。他们对外地人对物质的占有欲感到奇怪,认为:一个人可以仰视星辰乃至太阳,为何喜欢小块珠宝的闪闪微光;羊毛原本是披在羊身上的,为何有人会因身上穿的是细线羊毛衣就觉得自己更加高贵。

乌托邦人追求的只有真理与智慧,世俗的礼节也令他们不解:别人对你脱帽屈膝能给你什么自然而真正的快乐呢?这个举动能治好你的膝盖痛和纠正你的精神失常吗?

世俗的人们对这些虚假的快乐抱有一种奇异而惬意的疯狂,在乌托邦人看来太奇怪了。

这就是这座叫作"乌托邦"的小岛,完美、和谐、平等,它是如此理想化,以至于它只能被称为"乌有之乡"。

乌托邦(Utopia)的原词来自两个希腊语的词根,"ou"是"没有"的意思,"topos"是"地方"的意思,合在一起就正是"乌有之乡",即不存在的地方。它代表了作者心目中最完美的社会,有如世外桃源的存在。

托马斯·莫尔创造了乌托邦这个新词汇,也创造了人类思想意识中最美好的社会,一个和谐完美的空想主义社会。那里人人平等,财产共有,大家共同工作,共同选举出合适的官吏,那里是人类所渴望的乐园,但很显然,它还只存在于人们的幻想之中。

变形记
（The Metamorphosis）
——疏离

　　当格里高尔·萨姆沙从烦躁不安的梦中醒来时，他发现自己变成了一只巨大的甲虫。他的背成了钢甲式的硬壳，他略一抬头，看见了弓形的棕色肚皮。肚皮僵硬，被分割成许多连在一起的小块。由于肚子膨胀得太大，被子几乎不能将他盖严实，滑落下去已是迫在眉睫。和他身体的其他部位相比，他的许多腿显得单薄、细小，这会儿正在不停地抖动着，落在他眼中，愈发显得可怜巴巴的。

　　不过，变成甲虫也并未令他太过惊讶，因为他心里想着更重要的事情。已经六点多了，可是闹钟没有响，他必须起床赶七点的火车，他还有很多的工作需要做，他必须依靠辛勤的工作来替父亲偿还债务，他还要赡养母亲和两个妹妹。格里高尔相信自己没什么问题，他一向很健康，变成甲虫对他来说实在不算什么，毕竟他首先得考虑工作的事呢！

　　然而，他很快就发现，变成甲虫还是妨碍了他。太短的腿和巨大的身子让他无法下床，他尝试了无数次，他的小短腿拼命地摇动，却始终无法将他翻过来。

　　就在格里高尔努力尝试的时候，他公司的代表来找他了，想要知道为什么他没有坐早班车出发。格里高尔努力向门外的同事、父母和妹妹们解释，他马上就出来了，可是他们听到的，却是含混不清的声音。变成甲虫的他，已经无法让人们听懂自己的话了。

　　当格里高尔努力用嘴打开门之后，他的同事一看到他立刻惊慌失措地跑走了。他的父亲拿着手杖和报纸想把他赶回房间，他母亲打开窗，试图让寒冷的空气冷静自己的头脑。格里高尔遵从了父亲的意愿，爬回房间，当他艰难地爬过比身子还窄的门时，他父亲给了他重重的一击，好让他快点进到房间。

　　现在，格里高尔只能在房间里生活了。父亲的击打让他受了伤，他只能依靠妹妹给他送来的零星的食物过活。为了不让妹妹害怕，他尽量将自己隐藏在床下，不被送餐的妹妹发现。现在，他唯一的乐趣就是在窗边看着窗外的风景了。

　　一次，当格里高尔的母亲鼓足勇气进来看他时，却被格里高尔的样子吓坏了。

父亲以为格里高尔故意惊吓了他的母亲,生气地拿起一袋苹果砸向他。一个苹果砸在了格里高尔的背上,使他受了重伤。他失去了活动能力,只能躺在房间里,听着亲人们谈话。

因为格里高尔失去了工作,他的亲人们必须考虑工作的事情了,毕竟,他父亲的债务还有很多。现在,他父亲不得不去当了一名侍者,妹妹做了售货员,而他母亲也在为人缝补衣服赚钱。生活的艰辛令他们疲累,失去了往日的谈笑风生。他们开始缩减开支,卖掉了首饰,但因为格里高尔的存在,他们无法搬家,去换一个便宜点的房子,于是他们出租了一间房间以分担房租。现实的重压让他们越来越不耐烦,妹妹已经不再照顾格里高尔了,而把他交给了一个老女佣。

就在一天晚上,妹妹拿出了她的小提琴演奏着,但旁边的房客们并未表现出对音乐的尊重。格里高尔被他们惹怒了,他爬出了房间,想要叫妹妹去自己的房间演奏。然而,房客们一看到他立刻表现出了厌恶和不满,他们要求解除租约,因为这个房子里存在着令人厌恶的东西。

这一切终于让他的家人受不了了,他的母亲和妹妹们崩溃大哭,决意摆脱这可怕的甲虫。格里高尔试图安抚自己的家人,但显然毫无成效。于是,他慢慢地爬回了自己的房间,锁上了门。

第二天,打扫的女佣打开格里高尔的房门,发现他已经安静地死去了。家人带着忧伤的微笑,清理了他的尸体和房间。现在,他们终于可以开始新的生活了,崭新的、更美好的生活。

格里高尔为家人奉献了自己的一切,但当他失去生活能力,成为家人的负担时,立刻招致了家人的嫌弃、排斥,他的死亡让家人毫无伤感,却只是如释重负,因为他们终于摆脱了这个拖累。他们完全忘记了格里高尔曾经是如何努力工作,试图给他们更好的生活的,一旦他变得无用,就立刻遭到抛弃。

家人的冷漠,有时候比人变成一只大甲虫更令人觉得可怕。格里高尔是外形上的异化,而他的家人,或者说卡夫卡所想指的更多人,却是精神上的异化,他们冷漠自私,只顾自己的利益,他们对家人所表现出的疏离感,才是《变形记》的主题。

布拉格的卡夫卡铜像。

麦琪的礼物
(The Gift of the Magi)
——全心全意的爱

圣诞节的前一天，德拉在为丈夫吉姆的礼物烦恼。翻遍全身的口袋，她也只能找出一块八角七分钱，而这，还是她从杂货店、菜贩和肉店老板那里死乞白赖地硬省下来的呢！就算是这一块八角七分钱，也让她积攒了好几个月的时间。毕竟，对一个每周收入只有二十块的家庭来说，能够攒下这些钱也不容易了。

吉姆的礼物德拉早已经挑好了，精致、珍奇而且有价值，德拉相信自己挑选的礼物一定能得到吉姆兴奋的响应，可是，明天就是圣诞节了，她哪里有钱去买下吉姆的礼物呢？

忽然，德拉转过身来，站到镜子前面，她迅速地解开头发，让它披落下来。褐色的头发像瀑布一样流泻，一直垂到了德拉的膝盖上，发丝闪亮，柔顺得让人情不自禁想要抚摸。

这对詹姆斯·迪林厄姆·杨夫妇有两样东西特别引以为豪，一样是吉姆三代祖传的金表，另一样是德拉的头发。如果示巴女王住在天井对面的公寓里，德拉总有一天会把她的头发悬在窗外去晾干，使那位女王的珠宝黯然失色。如果所罗门王当了看门人，把他所有的财富都堆在地下室里，吉姆每次经过那里时准会掏出他的金表来看，好让所罗门王妒忌得吹胡子瞪眼睛。

德拉静静看着自己的头发，踌躇了一会儿，两滴泪水悄悄地从她眼眶滑落，滴到破旧的地毯上。然而，她深吸一口气，戴上帽子穿上外套，迅速出了门。

德拉在一家商店门外停住了，商店的招牌上写着："索弗罗妮夫人——经营各种头发用品。"推开门，德拉向那位胖胖的夫人问道："你要买我的头发吗？"索弗罗妮夫人让她脱掉帽子，浓密的秀发立刻落了下来。"二十块钱。"德拉把自己的长发卖给了商店。

现在，德拉的模样有点奇怪了，她的头发短短的，短得仅仅能盖住她的头皮。为了让自己看上去好一点，她只好用卷发铁钳把自己的头发烫卷了。不过，失去头发并未令她烦恼，她现在满心都被喜悦填满了，因为她买到了最适合吉姆的圣诞礼物。那是一条白金表链,式样简单朴素,只以货色论长短,不以装潢来炫耀。文静而有价值,它就像吉姆本人一样对不对?她花了二十一块钱来买下它,吉姆有了那条链子,在任何场合都可以毫无顾虑地看表了。因为他们拥有的那只表虽然华贵,可是只用一条旧皮带来代替表链,他有时候只能偷偷地瞥一眼。

没多久,吉姆回来了。看到德拉的第一眼他就愣住了,那神情是德拉所不能理解的,这使她大为惊慌。那既不是愤怒,也不是惊讶,又不是不满,更不是嫌恶,不是她所预料的任何一种神情。

"哦!亲爱的,别这样盯着我。"德拉赶紧跑向吉姆,"我把头发剪掉卖了,因为不送你一件礼物,我过不了圣诞节。头发会再长出来的,对吧?"

"你说你的头发没有了吗?"吉姆愣愣地问道。

"已经卖了——卖了,没有了。今天是圣诞前夜,亲爱的。好好地对待我,我剪掉头发为的是你呀!我的头发也许数得清,"德拉突然非常温柔地接下去说,"但我对你的情爱谁也数不清。"

吉姆从恍惚中醒了过来,他将德拉紧紧地搂在怀里,然后从口袋里掏出了一包东西。"别误会,德拉。"吉姆的声音低低的,"我对你的爱情是绝不会减少的。但是只要你打开那包东西,就会知道刚才我为什么愣住了。"

德拉打开了包装纸,里面是一套玳瑁的发梳,边上镶着珠宝。那是她渴望了好久的礼物,每次经过商店的橱窗她都忍不住去看它。现在,它躺在自己的手上了。

"我的头发长得很快的,吉姆。"德拉泪眼蒙眬,对丈夫微笑着说。忽然她想到了什么,吉姆还没有看到他的礼物呢!她热切地摊开手,将表链递给了丈夫。"漂亮吗,吉姆?我走遍全市才找到的。快把你的表给我,我要看看它配在表上的样子。"

"哦!"吉姆笑了起来,"我们把圣诞节礼物搁在一边,暂且保存起来吧!它们实在太好啦!现在用了未免可惜。我是卖掉了金表,换了钱去买你的发梳的。"

麦琪,又称东方三博士、东方三王、东方三贤士、三智者、术士等,是艺术作品和基督教刊物经常提到,出现在许多与圣诞节有关的画像里面的人物,一般会与耶稣和其父母、牧羊人,以及马厩中的动物一同出现。

麦琪(Magi)是《圣经》中的三位圣人,他们在耶稣诞生的时候给他送来了礼物黄金、乳香和没药。从此之后,西方人也就习惯于在圣诞节相互馈赠礼物,而麦琪的礼物,也就代表了圣洁的、神圣的、充满爱意的、寓意深远的礼物。

而欧·亨利在他这部《麦琪的礼物》的结尾中说:"他们既然有智慧,他们的礼物无疑也是聪明的,可能还附带一种碰上收到同样的东西时可以交换的权利。我的拙笔在这里告诉了诸位一个没有曲折、不足为奇的故事:那两个住在一间公寓里的笨孩子,极不聪明地为了对方牺牲了他们一家最宝贵的东西。但是,让我们对目前一般聪明人说最后一句话,在所有馈赠礼物的人当中,那两个人是最聪明的。在一切馈赠又接受礼物的人当中,像他们这样的人也是最聪明的。无论在什么地方,他们都是最聪明的。他们就是麦琪。"从此,麦琪的礼物,也就代表了全心全意的爱,最珍贵的永远不是礼物,而是礼物中蕴含的爱与诚意,是彼此间的关怀与恩爱。

茶花女
(The Lady of the Camellias)
——纯真与污秽

贫苦的乡下女孩玛格丽特来到巴黎,开始了卖笑生涯。尽管她过着热情纵欲的生活,但是她的脸上却呈现出处女般的神态,甚至还带着稚气的特征,这独特的气质令她红极一时,成了被巴黎贵族争相追逐的女人。

玛格丽特随身总带着一束茶花,一个月里有二十五天,茶花是白色的,而另外五天,她带着的茶花则是红色的。没有人知道她为什么这么做,但因为除了茶花之外,她从来没有带过其他的花,所以大家都叫她"茶花女"。

玛格丽特曾经得过肺病,前往一家疗养院疗养。在那里,她遇到了一位老公爵,老公爵发现她与自己过世的女儿长得很像,思女心切,他要求玛格丽特放弃卖笑生涯,接受自己的宠爱。但年轻漂亮的玛格丽特无法接受只有老公爵偶尔来访的苦闷生活,按捺不住又开始了往昔的生活。她告诉了老公爵一切,并表示自己无法再欺骗他了,可是老公爵出于对她的爱,最终接受了她的行为。

一天晚上,玛格丽特在剧场内认识了一个青年——阿尔芒。这个人看上去笨拙而害羞,并未给她留下深刻的印象。因为此时的她,还是个对自己不喜欢的人毫不留情的交际花。

没多久,玛格丽特肺病复发,在家休养,阿尔芒一直坚持每天去探问病情,却不肯留下自己的姓名。看着玛格丽特明明重病在身还过着放荡的生活,阿尔芒终于忍不住了,他冒昧上前去劝告玛格丽特不要这样伤害自己,并向她表达了自己的感情。

原来,阿尔芒早在三年前,在偶然一次看到玛格丽特从马车上下来走进絮斯商店时,就已经深深地爱上了她。他看到了玛格丽特放荡生活下隐藏的单纯,看到了她在交际花身份下的傲气和独立,令他无法克制地被她所吸引。

阿尔芒的表白打动了玛格丽特,她接受了阿尔芒的感情。但是,玛格丽特现在还在接受老公爵的资助,她负债累累,年轻的阿尔芒根本不能帮助她,这也令她无法离开老公爵。可是,对阿尔芒的爱激发了玛格丽特对纯朴生活的热望,她决心筹

茶花女。

集一笔钱，摆脱巴黎交际花的生活，和阿尔芒到乡下去隐居。

玛格丽特打算独自进行整个计划，并未告知阿尔芒。但她的旧情人的出现令阿尔芒起了疑心，他以为玛格丽特依然和自己的旧情人有染，悲愤之下，他写信给玛格丽特说，自己将回到父亲的身边，离开令他伤心的爱人。

可是，阿尔芒并不是真的愿意离开自己的爱人，理智告诉他，他错了。他向玛格丽特请求原谅，也得到了玛格丽特的真情表白。两人在相互倾诉中，更加确定了彼此的爱。

他们在巴黎近郊租了一间房子。可是玛格丽特依旧喜欢觥筹交错的交际场合，开销巨大，年轻的阿尔芒负担不起玛格丽特巨大的开销，为了满足她，他开始靠赌博来赚钱。

然而，老公爵知道了玛格丽特和阿尔芒的关系，他要求玛格丽特离开阿尔芒，否则就断绝她的经济来源。但玛格丽特回绝了他，她决意与阿尔芒在一起。她改变了自己过去奢靡的生活，享受着和阿尔芒单纯简单的爱恋。为了维系他们的生活，还要清偿过去的巨大债务，玛格丽特将自己的首饰、马车都卖掉了。阿尔芒知道后，打算变卖一笔母亲留给他的遗产，以还清爱人的债务。

可是，阿尔芒的父亲迪瓦尔找到了她。迪瓦尔先生知道了阿尔芒和一个交际花同居的消息，就要求阿尔芒离开玛格丽特，却遭到了拒绝。于是迪瓦尔先生找到了玛格丽特，告诉她，如果她坚持和阿尔芒在一起，那阿尔芒的妹妹将会遭到体面家庭的退婚，借此逼迫玛格丽特与阿尔芒断绝关系。

悲伤的玛格丽特给爱人写了一封绝交信，回到巴黎重新开始了放荡的奢靡生活。阿尔芒无法接受爱人的背叛，他想尽办法羞辱她，还找了一个妓女刺激玛格丽特。玛格丽特面对爱人的误会，伤心地劝他忘了自己，她告诉阿尔芒自己已经发过誓，不能和他在一起，阿尔芒误以为她和男爵曾海誓山盟，便气愤地推倒玛格丽特，丢下一沓钞票羞辱她，转身离去。

玛格丽特深受刺激，昏倒在地，从此一病不起。临终前，她写了一封信给阿尔芒，告知了事情的真相。得知真相的阿尔芒赶回了巴黎，但面对的是玛格丽特孤单的坟茔，唯一留给他的，只有玛格丽特的日记。日记里记载的都是玛格丽特对他深切的爱。阿尔芒怀着无限的悔恨与惆怅，只能在玛格丽特的坟前摆满白茶花，纪念她逝去的美丽爱情。

很多作家都热衷于以风尘女子的形象展现纯真的品质，比如羊脂球，比如玛斯洛娃，也比如这里的茶花女，也许正是因为这种被损害、被侮辱的身份，更能够反衬出当事人的纯洁与善良。

身体上的污秽，与灵魂上的贞洁，当集中在同一人身上的时候，更能令人感觉出强烈的对比，感觉到那真善美的印记。就算曾经带着罪孽，迷恋金钱和欲望，但她们始终坚守着内心深处的信仰，以善良和纯真完成一场自我救赎。所以那一束白色茶花，正象征着玛格丽特所坚守的内心的纯洁。

哈姆雷特
（Hamlet）
——复仇

生存还是毁灭？这是个问题。

丹麦国王忽然去世，他的弟弟克劳迪斯登上王位，并娶了自己的嫂子、曾经的皇后为妻。老国王的儿子哈姆雷特得知父亲去世的消息，匆匆赶回奔丧。得知母亲如此快就改嫁给了自己的叔叔，他伤心又屈辱。

这时，哈姆雷特的好友告诉他，城堡里出现了一个鬼魂，似乎是死去的国王。哈姆雷特午夜时分守候在城堡的天台，等到了父亲的亡魂。父亲告诉他，是现任国王趁自己午睡时，将毒药从自己的耳朵里灌入，杀害了自己。得知真相的哈姆雷特大为震惊，决意为父亲报仇。

朝中大臣波洛涅斯的女儿奥菲利亚是哈姆雷特的恋人，但被波洛涅斯禁止与哈姆雷特相恋，软弱的奥菲利亚听从了父亲的要求。

这天，哈姆雷特突然找到了奥菲利亚，并在她面前做出了许多疯狂的举动，他疯了。

哈姆雷特的疯癫引起了国王和王后的注意，但心中有鬼的新国王克劳迪斯并不相信哈姆雷特是真的疯了，决意试探他。国王召见了哈姆雷特昔日的同窗好友，要求他们找出哈姆雷特行为怪异的原因。哈姆雷特见到了两位好友，敏锐地发现他们是国王派来试探自己的，就狠狠地讥讽了两人。

波洛涅斯求见了国王，将哈姆雷特写给奥菲利亚的情书拿给国王看，告诉国王，哈姆雷特的疯狂乃是因为爱恋奥菲利亚不得而引起的。国王并不太相信，但他还是决定用奥菲利亚来试探哈姆雷特。当奥菲利亚与哈姆雷特交谈时，国王躲在帷幕后偷听，哈姆雷特发现了国王，以为奥菲利亚站在国王那边欺骗他，狠狠地呵斥了奥菲利亚。

恰好此时，有一个戏班到宫中献艺。哈姆雷特决定安排一出自己改编的戏剧。他把《贡扎古之死》改成《捕鼠机》，加入了国王的侄子将毒药灌入国王耳朵里的情节。台下，看到这一幕的克劳迪斯大惊失色，仓皇离席。哈姆雷特则确定了自己叔

哈姆雷特见到了父亲的亡魂。

叔杀死父亲的事实。他想要杀死国王,却发现克劳迪斯正在祈祷,如果自己这时杀了他,那他的灵魂将会升入天堂。哈姆雷特不愿就此便宜凶手,按捺住了下手的欲望。

哈姆雷特受召来到自己母亲的卧室,却发现帷帐后有人在偷听,他断定那偷听的正是卑鄙的国王,于是怒火中烧,提起宝剑刺了过去。然而,倒下的却是波洛涅斯,他心上人的父亲。

国王以波洛涅斯的死为借口,将哈姆雷特送往了英国,并秘密地要求英王将哈姆雷特处死。途中,哈姆雷特偷偷拆开信件,知道了国王的企图,就趁乱偷偷潜回了丹麦。

自己的爱人杀死了自己的父亲,可怜的奥菲利亚接受不了这双重的打击,精神失常,一天,她落入河中溺亡。

她的哥哥雷欧提斯从国外归来,得知父亲和妹妹双双惨死的消息,在克劳迪斯的误导下,以为一切都是哈姆雷特所为,决定向哈姆雷特报复。

哈姆雷特在回宫的路上,正好遇上了奥菲利亚的葬礼,悲痛令他和雷欧提斯缠斗到一起。这时,阴险的克劳迪斯故意提议让他们决斗,并准备了毒酒和毒剑,想借雷欧提斯杀死哈姆雷特。

雷欧提斯知道自己手中的是毒剑,他心怀怜悯,并不想轻率地杀死王子。第一

约翰·埃弗里特·米莱创作的《哈姆雷特》中的奥菲利亚。

回合让哈姆雷特胜了。克劳迪斯命人斟上毒酒庆贺，但哈姆雷特并未饮下。第二回合，王子又获得了胜利。这次，不知情的王后代替他喝下了这杯毒酒。在克劳迪斯的不断煽动下，雷欧提斯终于提起剑，刺中了哈姆雷特，而同时，哈姆雷特的剑也刺中了他。就在这时，王后毒性发作，倒地而亡。看到这一切，雷欧提斯终于看清了克劳迪斯的丑恶嘴脸，在生命的最后时刻，他当众揭发了克劳迪斯的阴谋。

哈姆雷特提起毒剑，用最后的力气刺向了克劳迪斯，结束了仇人的生命。而他自己，也终于毒性发作，倒地身亡了。

哈姆雷特是复仇史上最著名的形象，为了替被害的父亲复仇，他失去了自己心爱的爱人、忠诚的朋友，乃至自己最宝贵的生命。

生存还是毁灭？这是个问题。复仇到底意味着什么？哈姆雷特也许自己也没想明白，所以他沉溺在悲哀忧郁的情感之中无法自拔。他怀抱着强烈的复仇欲望，以至于失去了自己的生活。他所有的悲剧，可能就来自他对复仇的执念。

浮士德

（Faust）
——追求理想

浮士德是一位知名的学者,他已经把哲学、医学、法律、神学的书籍都读遍了,人们尊称他为教授、博士、科学家,给了他极大的尊重,但这一切并没有令浮士德满意。他苦闷、空虚,他花了一生的时间研究学问,但只是在象牙塔、故纸堆中翻寻,从未真正亲自体验人生。他觉得自己远离了生命的本源,但现在他垂垂老矣,已经无法再来一次。

在广阔的天庭,上帝正在召见群臣,他问起浮士德的情况,魔鬼墨菲斯托说,他正处在绝望之中,因为他欲望无穷,什么也不能使他满足。但上帝坚信,浮士德这样人类的代表,在理性和智慧的引导下,最终会找到真理的道路。墨菲斯托并不同意上帝的看法,于是,它提出和上帝打赌,让上帝将浮士德交给它,看它是否能将浮士德引向邪路,让他堕落。

上帝答应了魔鬼的要求。魔鬼化成一名书生来到浮士德的书斋,诱劝浮士德和他一起去从事欢乐的事业,并提出和他签订这样的契约:墨菲斯托今生愿做浮士德的仆人,帮他解愁除闷,寻欢作乐,获得一切需要;但当浮士德表示满足的一瞬间,奴役便解除,浮士德就归魔鬼所有,来生便做魔鬼的仆人。浮士德根本不相信来生,便毫不犹豫地同意了这场赌博,与魔鬼立下了契约。

魔鬼让浮士德重新变回了年轻人,年轻的浮士德走出了书斋,首先走入了爱情的世界。他爱上了一个贫穷但善良的少女格蕾琴,可是,作为一个追求精神世界的年轻贵族,他与一个中世纪的女孩根本不是

浮士德版画。

同一个世界的人,悲剧由此发生:他误用毒酒毒死了女孩的母亲;格蕾琴有了他的私生子,遭到社会的嘲笑,格蕾琴承受不了指责,将孩子淹死,因此入狱,并被处死;格蕾琴的哥哥为此和浮士德决斗,却被浮士德杀死。魔鬼想让浮士德继续在酒色里沉沦,但浮士德并未沉溺,他在欲望享受和纯洁爱情间无法达到完美的平衡,也就无法获得满足。

爱情并没有让魔鬼满足浮士德的要求,它便将浮士德带到了官场。浮士德想要一展才智,解决王国的经济危机,但国王将他看作一个魔术师,只强迫他让古希腊最美的女人海伦重现。

浮士德召唤出了海伦,竟然也被她的美所惊倒,他突然意识到自己应该去美的王国里追寻理想。于是,浮士德重返了古希腊,在那里,他和海伦结婚,生下一个非常漂亮的孩子欧福良。代表着美与完美人格的欧福良酷爱自由,时而上天,时而入地,结果摔死了。可见,无限制地追逐自由的美,最终也是要失败的。

欧福良的死让海伦非常悲伤,她返回了古希腊,浮士德又回到了现实。现在,他决定从精神世界的浮游转向物质世界的改造,他决定为老百姓造一片可以开垦耕作的田地。可是,魔鬼趁机在浮士德的眼睛上吹了一口气,让他双目失明,又让那些造地的人给浮士德挖掘坟墓。浮士德听到铁锹的声音,以为他的事业还在进行,开心地说:"逗留一下吧! 你是那样美!"这词正是浮士德和魔鬼打赌时约定的词,浮士德输了,必须成为魔鬼的仆人。

就在这时,上帝派了天使下来,用火焰打败了魔鬼,将浮士德的灵魂带到了天上,临走时,天使留下了一句:"凡自强不息者,终会得到拯救。"

歌德的肖像画。

浮士德是历史上真实存在过的人物,因为他博学多才,人们传说他是因为魔鬼的帮助才有如此高的才学,后来歌德便将这一故事加以发挥,创造了一个经典的浮士德形象。

浮士德身上,寄托的是歌德乃至更多的知识分子追求理想、追求真理、自强不息的灵魂。浮士德经历的书斋生活、爱情生活、政治生活、追求古典美和建功立业五个阶段,正是从文艺复兴到十九世纪初的人们探索和奋斗的精神历程,浮士德所一直追求的美、道德、自由和幸福,实际上也是全人类所追求的理想,从未放弃。

黑马
（Dark Horse）
——出人意料

　　雨下了一个晚上。第二天，整个天空晴朗无云，一点雨后的痕迹也没留下。比赛的赔率发生了变化，昨天晚上的时候，詹姆斯伯爵的马绝伦作为最有希望的获胜者，赔率还不到 2 比 1；而作为第二个最有希望获胜的庄家达士先生的丹迪，赔率为 5 比 1；下一个最有希望获胜的马，赔率为 9 比 1。

　　但到了今天早上，事情发生了变化。达士先生的丹迪获得了最高的票数，成为最有希望获胜的马匹。马匹的所有者达士先生非常有自信，他相信自己作为一个优秀的骑士，是詹姆斯伯爵最有力的竞争者。而绝伦现在成了排名第二的竞争者。

　　不过，詹姆斯伯爵还是和往常一样，拥有常胜将军的自信，他神态自若地进入了赛道，围着赛场转了一圈，并向蒂朵太太鞠躬。他的自信感染了在场的女士，尤其是和戴克小姐一起下注的达林顿女士，她原本非常担心詹姆斯伯爵会输掉这场比赛。

　　现场有 90 多匹马参加比赛，它们站在了同一个起点。但结果会是怎样？对不起！我努力地回想当时的情景，想要把它展现在笔下。一点努力加上意大利美酒，应该能让我找回记忆。一匹黑马，一匹詹姆斯伯爵从未在名单上注意过名字的黑马，以飞快的速度冲过了看台，获得了比赛的胜利。之前最被看好的马匹在最后关头被黑马超越，预测中排第二的马匹也没跟上黑马的速度，其他的马更是落在了后面。观众们都太过惊讶，连欢呼都忘记了。可是，当获胜者的名字被宣布，大家得知获胜者是来自霍华德的杰罗姆伯爵的梅戴克的时候，看台上爆发出了令人震惊的欢呼，尤其是约克郡人，叫得尤其响亮。

　　想想这造成了多少混乱吧！绝伦后来很快被运往了纽马克特城，就好像那些年轻的绅士因为做了某些丑事就被送去旅行一样。伯灵顿和什罗普郡的公爵支出了几百元。大热马匹的资助者还得前去恭维获胜者，尴尬地与其他的参与者聚会，体会上天注定的挫败感。可爱的小里京完全破产了。卢修斯先生看上去很忧伤，所以他躲开了。斯科波主教看上去脸都黄了，还是一脸的不可置信。巴沙特主教不断地摇着头。

　　詹姆斯伯爵大概是整个比赛场里最痛苦的人了,而且他显然对自己失去了第一名感到很不可思议。他那么惊讶,眼睁睁地看着两万五千块就这样失去了,当然,这只是他五十万身价中的一小部分,损失主要是精神上的。不过这只是一件小事,所以伯爵立刻向梅戴克小姐走去,和那些热情的恭贺者一起去恭喜她。

本杰明·迪斯雷利。

　　这个故事来自英国政治家本杰明·迪斯雷利的小说《年轻的公爵》,故事里那个忽然杀出的黑马(Dark Horse)让所有人大吃一惊,在毫无预兆的情况下夺得了冠军,成为最让人意外的获胜者。

　　随着这本小说的出版,黑马这个词渐渐为人所熟知,由赛马场上的俚语,发展成体坛上的惯用语,后来渐渐被各行各业的人使用,成了那些不被看好或事前并不知名、最后却能意外地获胜的人或事物的代称。

　　现在,黑马一般解释为实力难测的竞争者或出人意料的优胜者。

卡门
（Carmen）

——率性

1830年初秋，作家梅里美前往安达鲁西亚，打算针对门达古战场的历史论文做一点研究。在加塞那平原的高地上，他遇到了一个结实而阴沉，看上去像强盗的青年，尽管梅里美的向导非常肯定这个男子是著名的强盗和走私贩子堂·何塞，因为他符合通缉令上所有何塞的特征，但梅里美觉得，他并没有理由抢劫自己，不需要害怕。于是，梅里美友善地拿出雪茄、食物与男子分享，成功地让男子解除了防备，和他交谈起来。男子知道梅里美要在奎尔沃旅店住宿之后，自告奋勇地护送梅里美去酒店。

半夜，向导向梅里美表示，这个男子正是安达鲁西亚最著名的大盗——堂·何塞，告发他就可以获得200金币。向导偷偷潜走，去军营告发何塞，而梅里美却同情这个看起来并不邪恶残忍的大盗，偷偷叫醒他让他提前逃走了。

离开旅店，梅里美前往科尔多瓦继续自己的调查。在瓜达尔基维尔河边，他遇见了一个美丽的波希米亚女人——卡门。她的眼睛又大又黑，连眉毛和眼睑都是乌黑的，她滑腻的皮肤是古铜色的，她雪白的牙齿比去掉皮的杏仁更白，她的手指和身材都是纤细的，她的头发虽然有点粗，可是颜色漆黑，带有蓝色的反光，像乌鸦的翅膀一样，又长又亮。她的美是一种奇特的、野性的美；她的脸使你初见时惊奇，可是永远不会忘记；尤其她的眼睛，就好像蓄势待发要捕捉麻雀的猫眼一样，锐利而凶悍，是其他人所没有的。

梅里美跟着卡门回了家，想要见识一下波希米亚人那神秘的占卜能力，然而就在卡门家里，他意外遇到了找来的何塞。何塞用方言和卡门愤怒地争吵，并将梅里美带离了卡门家。梅里美这才发现，不知什么时候，卡门已经偷走了他随身的金表。

梅里美放弃了报警，而是继续自己的旅程，几个月后，等他回到科尔多瓦时，却被告知，是何塞抢走了他的金表，现在何塞已经被抓了，他将因为杀人罪被处死。梅里美决定去看望这个可怜的男人，在监狱里，他听何塞讲述了自己悲惨的遭遇。

何塞曾经是骑兵连的班长,在他被派到烟草工厂当警卫的一天,他遇到了他命中的女神——卡门。"她穿着一条非常短的红裙子,露出她破了好几个洞的白丝袜,还有一双小巧玲珑的红摩洛哥皮鞋,鞋子用火红的绸带系住。她推开披肩,让两个肩膀暴露出来,还显出她衬衫上面的一大束金合欢。她的嘴角衔着一朵金合欢,她向前走着,腰肢扭来扭去,像科尔多瓦养马场里走出来的一匹母马。"卡门放肆地挑逗他,把嘴里衔着的金合欢弹到了何塞的眉心,这轻佻的举动让何塞痴迷了,他爱上了这放荡不羁的波希米亚女人。

不久,卡门和工厂的女工发生争执,划伤了女工的脸,被关进了监狱。何塞奉命押送她去监狱,却放她逃走,何塞为此被撤职,并被关了一个月的监禁。出狱后的何塞当上了一位上校的卫兵,在上校的宴会上,他再一次看到了卡门。美丽的卡门全身装饰着花朵和金银丝带,在舞池旋转舞蹈,和在场几乎所有的军官调情,说着令人眼红心跳的情话。何塞嫉妒又不安,恨不得将所有的男人统统用军刀刺死。临走时,卡门再次引诱何塞,让他加入自己的走私犯行列。

何塞将自己全心地交给了卡门,但卡门并未回报他的爱情,她毫无顾忌地和部队的副官调情,引得何塞嫉妒地杀死了这位军官。何塞终于被迫逃亡,成为一个真正的强盗。但卡门丝毫没有收敛,她从一个男人身边来到另一个男人身边,而何塞还得知,走私犯中那个又老又丑的独眼龙加西亚,其实是卡门的丈夫。妒火填满了何塞的心胸,他杀死了加西亚,又从英国人手中抢回了卡门,逼着她成为自己的妻子。

歌剧《卡门》1896 年的美国海报。

可是,婚姻对卡门这样的女人而言,并不是结束,她依旧放任自己的感情,爱上了一个斗牛士。何塞请求卡门和他一起远走高飞,却遭到了卡门冷冷的拒绝:"如果跟着你走向死亡,我愿意,但我不愿意跟你一起生活。"深爱着卡门的何塞终于无法忍受,他举起那杀死过卡门众多情人的刀,刺向了卡门。

卡门(Carmen)是梅里美笔下最有魅力的人物,也是艺术史上最耀眼的形象之一,她意外地成了人们赞赏的对象。只要提到卡门,人们就会联想到自由、奔放、无拘无束的吉卜赛女郎,可以说,卡门已经成了自由和率性的代名词,就好像书中卡门自己所说的:"但是卡门永远是自由的。"

鲁滨孙
（Robinson）

——拓荒者

鲁滨孙出身于一个富足的上流社会家庭，身为家中的小儿子，父母对他格外宠爱，并将他送去学法律，可是鲁滨孙一心只想航海，想去海外见识一番。

第一次，鲁滨孙的要求遭到了父亲的阻拦，他离家出走，私自登上了一艘开往伦敦的船。但他的第一次航行就遇上了风暴，船只沉没，他幸运地登上了救援的小艇，好不容易才逃出生天。这次失败并没有打消鲁滨孙航海的欲望，不久之后，他又出海到非洲经商，却被海盗俘虏，做了奴隶。趁着一次出海帮海盗捕鱼的机会，鲁滨孙逃了出来，经过了一段艰辛的旅程，终于被一艘葡萄牙货船救起。

货船船长花了不少钱买下他的小船和船上的物品，带着这笔钱，他来到巴西，买下一个庄园，做了庄园主人。他开始从英国入手货物到巴西售卖，获得了极大的利润。随着种植园渐渐兴旺，鲁滨孙又开始不满于现状，他不想通过累积和经营致富，而是妄想一夜暴富。于是，他决定再次去非洲，去贩卖奴隶。

可是，他乘坐的船在途中再次遇到风暴触礁，船上水手、乘客全部遇难，唯有鲁滨孙一人幸存，只身漂流到一个渺无人烟的孤岛上。

现在，鲁滨孙必须面对生存的问题了。他发现了搁浅在海滩上的沉船，用沉船的桅杆做了木排，并将船上剩下的所有能用的东西——食物、衣服、枪支弹药和各种工具都运到岸上。考虑到现实情况，他找了小山坡旁的一块平地，搭起帐篷定居下来。他还想尽办法为自己做了日历，用剩下的墨水开始写日记，尽管这些墨水并没能用上多久。后来，因为地震，他用削尖的木桩在帐篷周围围上栅栏，在帐篷后挖洞居住，还用简单的工具制作桌、椅等家具。

起初，鲁滨孙依靠猎枪打猎来寻找食物，但渐渐他发现，这并不是一件容易的事，于是他决定开始种植和放牧。他用船上剩下的粮食，在岛上种植出了大麦和稻子。他用自制的木臼、木杵、筛子加工面粉，烘出了粗糙的面包。他开始捕捉并驯养野山羊，让其繁殖，作为自己的食物储备。

他独自一人在岛上生活了十个月之后，他开始探索这座小岛。他发现了不少的水果树,就学着自己种植水果。现在,他已经摸清了雨季和旱季的规律,能够熟练地种植大麦和稻子,他发现了越来越多的食物,再也不必担心饿肚子。

虽然如此,但鲁滨孙一直没有放弃寻找离开孤岛的办法。他砍倒一棵大树,花了五六个月的时间做成了一艘独木舟,但这艘船对他一个人而言实在太重,要将它推下海,需要挖出一条运河,而这需要花费十年以上的时间,鲁滨孙只好放弃,决定重新另造一艘小船。

鲁滨孙在岛上独自生活了十七年后,一天,他在岛边的海岸上发现了许多人骨,还有生过火的痕迹。原来,有一群野人登上了岛屿,在这里举行了人肉宴。这个发现令鲁滨孙惊愕万分,他时刻警惕着野人的出现,但一直没有碰到他们。

慢慢的,鲁滨孙的担心消失了,他又开始过着平常的生活,只是,他比原来更谨慎了,还设想了很多当野人到来时该如何对付的方法。

到他在岛上生活的第二十四年,他再次在岛上看到了火光,一群野人带着准备杀死、吃掉的俘虏登上了岛屿。鲁滨孙非常紧张,尽管他已经预演过如何对付野人无数次了。他终于克服了自己的害怕,并救出了其中一个野人。

鲁滨孙神奇的火枪让野人非常畏惧,他跪在地上,向鲁滨孙臣服感激,鲁滨孙为他取名为"星期五"。从此之后,"星期五"就成了鲁滨孙忠实的仆人和朋友。鲁滨孙教会"星期五"食用正常的食物,教他说英语,与他相依相伴,生活在这个小岛上。

鲁滨孙解救"星期五"。

后来,鲁滨孙从和"星期五"的交谈中才知道,原来他们离现实世界并不遥远,鲁滨孙决定和"星期五"一起到大陆上去。在他们出发之前,一群野人绑着一个西班牙人上了小岛,鲁滨孙带着"星期五"救出了他和"星期五"的父亲。现在,他岛上的居民又增加了。

不久,有艘英国船停泊在了小岛附近,船上水手闹事,把船长等三人抛弃在岛上。鲁滨孙与"星期五"帮助船长制伏了那帮水手,夺回了船只。他把那帮水手留在岛上,自己带着"星期五"和船长等离开荒岛,回到了英国。

这时,鲁滨孙离开家乡已经三十五年了,他的亲人大多已经过世,只剩下他两个妹妹和一位哥哥的两个孩子。他拿回了自己种植园的股份,在英国结了婚,生了三个孩子。可是,没多久他的妻子就过世了,这时,鲁滨孙出洋的欲望又一次强烈起来,他又一次出海经商,前往东印度群岛。

　　在这次旅行中,他又回到了自己的小岛上。现在,留在岛上的水手和西班牙人都已安家,在这里繁衍生息。根据他们的要求,鲁滨孙把全岛领土加以划分后分配给他们,自己则保留了全岛的主权。后来,他又买了七个妇女送去,并给了他们各种日用必需品,这才心满意足地离开了。

　　1704 年,苏格兰水手赛尔科克在海上与船长发生争吵,被船长遗弃在荒岛上,四年后才被救回英国。这个故事给了笛福灵感,使他写出了《鲁滨孙漂流记》这部影响巨大的著作。书中的鲁滨孙强烈的进取精神和自强不息的努力,使他成为文学史上最出彩的人物形象之一。

　　独自一人生活在孤岛上二十多年,鲁滨孙依靠自己的一双手,顽强不息地与大自然抗争,利用船只上的残余物品,他为自己建造了一个家,顽强地生存了下来,并获取了更多的物质。他毅力惊人,可以用半年的时间建造一艘独木舟,在知道无法使用之后,也

英国作家丹尼尔·笛福。

毫不气馁。这种开拓冒险精神,使他成为拓荒者的形象代表,人们只要提到鲁滨孙,就会想到那个独自在岛上与大自然搏斗的英雄。

蒙娜丽莎的微笑

——永恒的美丽

《蒙娜丽莎》在世界上的地位已经无须赘言，提到艺术品，提到绘画，没有人能够绕过它。它是法国卢浮宫的镇馆之宝，法国人的骄傲，当年《蒙娜丽莎》失窃，甚至让法国政府将当日定为"国难日"，可见其在法国人心目中的地位。

《蒙娜丽莎》之魅力，一半来自达·芬奇之个人魅力，另一半则归功于画上女子那永恒的淡淡微笑。据说，画作上的女子是佛罗伦萨一名富商的妻子——丽莎·格拉迪尼。在达·芬奇开始创作画作的时候，丽莎刚刚失去了她的幼子，因此无论如何都笑不出来。为了捕捉到她的微笑，达·芬奇想了很多办法，他请来许多音乐家和喜剧演员为丽莎表演，终于，丽莎微微展开了笑颜，留下了一个转瞬即逝的微笑，而达·芬奇将这个微笑永远地留在了画布上。

蒙娜丽莎的微笑虽然微弱，却可以看出她内心的愉悦，那安详的仪态，微微抿住的嘴角，有一种矜持又舒展的神气，令所有人都不由自主被她所吸引。据说，当年的戴高乐总统每当心绪烦躁时，必驱车前往卢浮宫欣赏《蒙娜丽莎》，那温和的面容可以洗涤他深藏的烦恼，让他心神安宁；铁娘子撒切尔夫人也对《蒙娜丽莎》情有独钟，收藏了四幅复制品。

而更多针对《蒙娜丽莎》的研究，并未解答它身上所存在的疑问，反而令它倍添神秘感。《蒙娜丽莎》画面上的阴影构图，令她在不同的光线和角度情况下显示出不同的神态，时而温柔、时而哀伤，有时甚至显示出嘲讽的表情。还有人说，《蒙娜丽莎》其实是

蒙娜丽莎。

达·芬奇的自画像，因为将它与达·芬奇的老年自画像重叠，会发现它们基本上可以重合。蒙娜丽莎没有眉毛，到底是因为这是当时的时尚，还是因为她正怀有身孕，是妊娠反应的结果呢？《蒙娜丽莎》的创作，花费了达·芬奇数十年的时间，除了这幅完稿的作品之外，还有一幅保存在美国的《蒙娜丽莎》，被认为也是达·芬奇的真品，是达·芬奇年轻时所作。

人们对蒙娜丽莎的研究从未结束。有人发现蒙娜丽莎的画有几十层涂层。有人在蒙娜丽莎的右眼中发现了 LV 的字样，那是达·芬奇姓名的首字母。猜测越多，人们对蒙娜丽莎的神秘幻想就越多，那神秘的微笑，已经成了永恒的美丽的象征。

达·芬奇的自画像。

现在，蒙娜丽莎已经不仅仅是一幅画了，它已经成为一个符号、一个象征。人们用无数的研究，为它增添了许多的解释，但同时也给它增添了更多的谜团。尽管围绕蒙娜丽莎的争议从来没有结束，但公认的一点是：它已经成为美丽的代名词，代表着永恒不变的美丽。

蒙娜丽莎那神秘、端庄的微笑，那柔嫩丰满的双手，她优美的坐姿，层叠的衣袍，乃至背景中那幽深茫茫的山水，完美的透视构图，都成了她美貌的注解。借助达·芬奇天才的画笔，蒙娜丽莎有了一个新的名字——永恒的美丽。

阿巴贡
（Harpagon）

——吝啬

　　阿巴贡是巴黎的一个高利贷者，他的妻子早已去世，只留下了一儿一女。阿巴贡非常富有，他收藏着许多金银，却十分吝啬，就算对自己的儿女也不例外，他的孩子只能过着穷酸的日子。

　　贵族瓦莱尔是个聪明的青年，一天，他无意中救了阿巴贡落水的女儿爱丽丝，两人因此结识，并很快陷入了爱河。为了接近自己的意中人，瓦莱尔隐瞒了自己的身份，混进阿巴贡家做了总管。但是，瓦莱尔和爱丽丝知道，因为他没什么钱财，所以父亲阿巴贡肯定不会同意他们的婚事，于是他们打算去找爱丽丝的哥哥克雷央特，希望能够得到他的支持。

　　还没等爱丽丝向哥哥表达自己的意思，克雷央特却向爱丽丝讲出了自己的秘密。原来，他爱上了美丽温柔的玛丽亚娜，但那位姑娘和母亲刚刚搬到巴黎不久，家中贫困，他希望妹妹帮忙探探父亲的口风，看他是否同意这门亲事。

　　于是，兄妹俩一起去找他们的父亲。这个时候，阿巴贡正在和他的仆人拉弗莱斯怄气，他刚刚把自己新赚的一万个金埃居和其他财宝一起埋在了花园里，可是他总觉得，拉弗莱斯像个奸细一样，一直盯着他的一举一动，想要偷他的东西。他指责拉弗莱斯的灯笼裤很方便藏匿赃物，并毫不客气地搜了他的身，可惜什么东西都没能找到。

　　兄妹俩来的时候，阿巴贡正在念叨自己的财宝，他生怕儿女们听到了自己藏钱的地方，得到兄妹保证说什么都没听见他才放心。听说他们是来和自己商量婚姻大事的，阿巴贡非常高兴，问他们是否认识同街住的一位叫作玛丽亚娜的年轻姑娘。他告诉孩子们，自己被玛丽亚娜温柔的性格打动了，决定娶她。

　　克雷央特万万没想到父亲和自己看上了同一位姑娘，他假称自己头晕，气愤地走了。阿巴贡又告诉爱丽丝，他已经给克雷央特物色了一个有钱的寡妇，还要将爱丽丝嫁给有钱的昂赛末老爷，并且让爱丽丝今晚就订婚。

　　爱丽丝大惊失色，说自己还不打算结婚，可是阿巴贡坚持让她立刻答应。就在这时,瓦莱尔来了,阿巴贡便让他来评理。瓦莱尔得知了阿巴贡为爱丽丝安排的婚事,假意站在阿巴贡这边,然后趁阿巴贡离开去察看自己的钱的时候,与爱丽丝约好,装病延迟婚期,万一出了问题,他们就私奔逃走。

这边,克雷央特想要帮助玛丽亚娜一家,急于借到一笔一万五千法郎的款子。他找到了一家神秘的债主,放债人的借债条件非常苛刻,要付两分五厘的高利息,且只能拿到一万两千法郎的现金,其余三千法郎由衣服等物折付,还要亲自见见借债人。克雷央特急需钱用,被迫答应了。可是,当他见到放债人时才知道,放债的正是自己的父亲阿巴贡。阿巴贡知道了儿子如此挥金如土,与他大吵一场,不欢而散。

阿巴贡开始为女儿筹备订婚宴,为了节约开支,他安排厨子给大家做一些人们都不大爱吃而且可以一吃就饱的东西。就在订婚宴会上,媒婆也用花言巧语把玛丽亚娜骗来了,阿巴贡对着玛丽亚娜说着甜言蜜语,但玛丽亚娜看着这个古怪的老头,只觉得恶心害怕。这时,克雷央特出来了,玛丽亚娜大吃一惊,这才知道,自己喜欢的青年竟然是这个怪老头的儿子。

看到玛丽亚娜,克雷央特故意借着欢迎后母的机会,向她表白自己的爱情,还从自己父亲的手上取下一枚钻石戒指送给玛丽亚娜。看到自己的宝贝被儿子送了出去,阿巴贡快气疯了,但当着玛丽亚娜的面,他又不便发作。

爱丽丝把哥哥的心愿转告给了玛丽亚娜,让这对原本就互相倾慕的年轻人得知了彼此的心意。可是,阿巴贡无意中发现了儿子在亲吻玛丽亚娜的手,他决定试探克雷央特,故意说玛丽亚娜更加适合克雷央特,引得克雷央特说出了自己的真实心意。于是,两人互不相让,争吵了起来。

仆人拉弗莱斯为了帮少爷的忙,趁他们父子吵架的机会,溜进花园,把阿巴贡藏在地下的财宝箱偷走了。阿巴贡发现自己的金币不见了,痛不欲生,大呼小叫,要求把所有人都绞死。

法院派来了调查员。

厨师雅克想报复一向与他不和的瓦莱尔,便污蔑他偷走了箱子。阿巴贡逼迫瓦莱尔招供,瓦莱尔误以为自己的身份被识破,承认了自己和爱丽丝的爱情。这一下阿巴贡更加生气了。

正当这一家人闹得不可开交的时候,昂赛末应约来了。阿巴贡向他讲述了自己遭遇的种种"不幸",并指责瓦莱尔是世界上最坏的窃贼。瓦莱尔反驳说,他绝不会做那样下流的事,因为他是达尔布西·托玛爵爷的儿子。昂赛末感到十分惊奇,因为他正是达尔布西·托玛爵爷。他问瓦莱尔有什么证据可以证实自己的身份,瓦莱尔说他保存着父亲的一颗红宝石图章,由他母亲用一个玛瑙镯子给他套在手臂上，而且还有老仆人贝特罗可以作证。

听到这里，玛丽亚娜激动异常，她开口说，这一切证明了瓦莱尔正是自己的亲哥哥。昂赛末也激动起来，他说，瓦莱尔和玛丽亚娜正是他失散多年的一对儿女。原来，十六年前，因为故乡暴乱，昂赛末带着一家人出逃，却在海上遭遇风暴，他们乘坐的船翻了。昂赛末独自一人被救上岸，他以为亲人都已经葬身海底，便改名昂赛末，变卖家产，在异乡过着漂泊的生活，再也没有人知道，他就是当年的达尔布西·托玛爵爷。

一切真相大白，但阿巴贡可不关心这些，他一心纠缠着瓦莱尔，要他归还他的财宝。

克雷央特告诉父亲，他知道一点关于他箱子的消息，只要父亲答应让他娶玛丽亚娜，他的金银就会平安无恙地回来。

得知能够拿回自己的命根子，阿巴贡满口答应，但是他也提出，儿女们的结婚费用必须要昂赛末承担，而且昂赛末还得帮他做一件新衣服，以便他在办喜事那天穿。

昂赛末爽快地答应了他的要求。

最后，昂赛末带领他的儿女去看他那多年失散的妻子了。阿巴贡呢？现在，他要去看看他那亲爱的箱子了。

莫里哀。

阿巴贡是莫里哀的作品《吝啬鬼》中的主角，他与《欧也妮葛朗台》里的葛朗台、《死魂灵》中的泼留希金和《威尼斯商人》中的夏洛克，并称为欧洲"四大吝啬鬼"，是吝啬鬼的典型代表。

莫里哀用他的妙笔，描写了一个极其吝啬的高利贷者形象。他狡诈狠毒，为了赚取更多的利息，盘剥他人，对自己的儿女也毫不怜惜。莫里哀用生动的细节，夸张讽刺的手法，表现了阿巴贡的悭吝：他招待客人时往酒里掺水，自制日历，将吃斋的日子延长，以便让家人都不能吃荤，他自己也常常饿着肚子上床，以致半夜饿得去马棚偷吃荞麦。阿巴贡的形象如此生动，以至于后来的人们在嘲笑一个人非常小气的时候，经常用阿巴贡来形容。

白乌鸦
（White Crow）
——理想主义

在这世上，做一只独特的乌鸦，该有多么荣耀，但又多么艰难啊！

白乌鸦的父母是一对老实巴交的模范夫妻，住在沼泽区一座偏僻的旧花园里。它们非常恩爱，父亲给妻子觅食，天气好时为她唱歌，妻子每年下三次蛋，非常规律。

可是，就在白乌鸦出生之后，它的父亲开始不高兴了，因为这新生的孩子和它以及它的其他儿女毛色和样子都不一样，它身上是淡灰色的毛。"这可是个脏孩子。"父亲觉得这孩子实在太难看了，而母亲还在为自己的孩子辩护："它这个年纪就是这样的，等到它长大了，一定会是个漂亮的孩子。"

然而，长大的白乌鸦也并没能让母亲满意。它长出的是奇怪的白色羽毛，就像个怪物一样。母亲因此格外怜惜它，但父亲对它大发雷霆，仿佛想要将它的每一根羽毛都拔光。它明明是个多么好的父亲啊！看到白乌鸦因为褪毛而冻得瑟瑟发抖的时候，父亲还会喂肉酱给它吃，为什么一看到它的白羽毛，就会变成这样呢？

这天阳光灿烂，刚刚长出羽毛的白乌鸦高兴得唱起歌来。可是父亲刚听它唱了一声，就怒气冲冲地嚷道："一只乌鸦难道会这样叫吗？"它甚至开始责问起妻子，究竟是谁在她的窝里下蛋了。母亲又气又羞，竟然忍不住昏了过去。看到母亲的样子，白乌鸦惊慌失措，吓得抖成一团，匍匐在父亲膝下。

"我的家族没有这样叫的。"父亲怒不可遏，"你这身可恶的羽毛，就像市集上的妓女脸上搽的白粉，站在我面前我受得了吗？我若不是最温和的乌鸦，早就把你的羽毛拔得精光。"听到父亲的话，白乌鸦也生气了，它高声说："既然如此，我躲着您就是了，不让您看到这个可怜的白尾巴。"

"随你便吧！"父亲说道，"再也不要让我见到你。你不是我儿子，你不是一只乌鸦。"

"那请问先生，我是什么呢？"

"我哪里知道，反正你不是乌鸦。"说完，父亲就迈着方步走了。

白乌鸦又羞愧又伤心，它飞到邻居家的房檐上，待了下来。在这几天里，它的父母仍然在关注着它，它们很想叫它回去，可是一看到它那可怕的白羽毛，就不由自主地觉得反感和恐惧。

这天夜晚下起了大雨，白乌鸦住着的屋檐下来了一只鸟，它的个头更大，但羽毛不多，尽管它浑身都淋湿了，却还带着一种骄傲的神态。白乌鸦和它交谈起来，向它讲述了自己悲惨的命运，那鸟却告诉它，没必要为这些事伤感，要像它这只野鸽一样，飞跃广阔的空间，去旅行，去感受整个世界，至于父亲家人这些东西，根本不重要。

野鸽的话让白乌鸦非常兴奋，它决定和野鸽一起离开，去布鲁塞尔送一份重要的文件。可是，旅途那么漫长，它的翅膀还很稚嫩，无法承受长途的旅行，白乌鸦昏了过去，掉到了麦田里。

等它醒来的时候，它看到了两只可爱的小鸟，一只喜鹊和一只斑鸠。善良的斑鸠姑娘为它送来了新鲜的露水，看到斑鸠姑娘那关切的眼神，白乌鸦觉得自己的心怦怦直跳。它向两个新朋友讲述了自己的遭遇，得到了喜鹊夫人热切的回应："哦，您是一只俄罗斯喜鹊啊！您不知道俄罗斯喜鹊是白色的吗？"喜鹊夫人邀请白乌鸦去她们的林子里定居，那里有上百只同类，日子过得快活极了。

喜鹊夫人的话让白乌鸦大喜过望，它忽然想起，既然它一唱起歌来就让父亲生气，那么也许这两位女士能够从它的歌声里辨出它是否是同类。于是，它高声唱起歌来。听到它歌声的喜鹊变得惊讶而厌恶，坚持了二十多分钟之后，终于忍受不了飞走了。而可爱的斑鸠姑娘，也在告知了它自己的名字之后，礼貌地和它道别了。

白乌鸦伤心地飞走了。它一路哀叹，心神不宁，正好与对面飞来的鸟一头撞上，它们跌落在树上。白乌鸦发现，对方也是一只白色羽毛的鸟，只是比它大一点，头上还有一簇毛，神态雄壮而滑稽。白乌鸦问起对方的来历，那只鸟告诉它，自己是一只白鹦鹉，而且是一个非常著名的诗人，它更惊讶地表示，难道白乌鸦不是它的同类吗？可是就在白乌鸦想让它听听自己的歌声以便确认身份的时候，白鹦鹉忽然来了灵感，要去向它的朋友朗诵新的诗歌，丢下白乌鸦飞走了。

失望的白乌鸦只能独自往巴黎的家飞去。半路上，它在穆尔枫丹树林投宿。其他的鸟儿们都成群结队，各自有同伴，没有一种鸟愿意收留它。它只好孤零零地上路，希望早点回到自己曾经的家。

可是，曾经温暖的家已经不在，那片绿色的林子，已经变成一堆木柴，而严厉又亲切的父母，更是无处可寻。白乌鸦非常绝望，它不是乌鸦、不是鸽子、不是喜鹊，也不是鹦鹉，那它到底是什么呢？这一天，依旧沉浸在哀伤中的白乌鸦听到了街上两个女人的争吵："你若是真能搞出名堂来，我就白送你一只白乌鸦！"天啦，它终于知道了,自己是一只白乌鸦,它是独一无二的鸟,是个天才。

白乌鸦开始自信起来,它决定做一个伟大的诗人,详细描绘自己的生活。一个多月之后,它的书一经出版,立刻轰动了全欧洲。每天它都能收到无数的赞美信,还有许多的仰慕者亲自上门拜访。它拒绝了所有的拜访者,只接待了两位外国客人,因为它们也是乌鸦。这两只乌鸦向它倾诉自己的不幸,并希望它能够指点它们写下诗歌。可是白乌鸦告诉它们,它们并不像自己一样独一无二,所以也无法复制自己的成功。

白乌鸦声名显赫,却寂寞得要命。直到有一天,它认识了一只来自遥远伦敦的白色雌乌鸦。找到自己同类的白乌鸦喜出望外,它们很快坠入爱河,并举办了盛大的婚礼。

婚礼后的生活是如此幸福,两人感情日浓,可是白乌鸦发现了它妻子的秘密。原来,她那白色羽毛不过是用面粉和颜料染成的,在白色的染料下,是一只黑色的普通乌鸦。

这个事实令白乌鸦万分沮丧,可它也不敢将家丑外扬,它只能逃离这个家,四处流浪。当它来到穆尔枫丹的树林时,它看到了一只畅快歌唱的夜莺,它向夜莺表达自己的羡慕之情,夜莺却告诉它,自己爱上了一朵玫瑰,但玫瑰只让蜜蜂去吃她的心。

《白乌鸦》是法国浪漫主义诗人阿尔弗莱·德·缪塞的小说名作,描述了一只独特的白色乌鸦所遭遇的种种不理解、排挤,乃至毫无根据的仰慕和崇拜的故事。

书中的白乌鸦,其实就代表着理想主义。不常见的白色乌鸦,其实就是人类内心的理想。但是,理想往往会遭遇现实的挫折,当受到现实生活中其他人的嘲笑与排挤时,当面对浮夸与冲动时,是应该献身于理想,还是与现实妥协?这是作者一直思考的问题,也是他希望所有读者都思考的问题。

缪塞笔下这只白乌鸦的形象是如此生动,以至于之后的人们都将它当作理想主义的象征。从此,白乌鸦就代表着理想、梦想、高贵与稀有,a white crow 也可以翻译为稀有的东西。

出走的娜拉
（Nora）
——抗争

　　娜拉是个幸福的妻子,她是丈夫的"小鸟儿""小松鼠",她有三个乖巧可爱的孩子,他们住在一间舒适的房子里,更开心的是,她的丈夫海尔茂刚刚获得了升职,成为银行的经理。对她来说,这个世界上似乎没有什么不圆满的事情了,就连丈夫不让她吃杏仁饼干的要求,对她来说,也是为了不让她吃坏牙齿的关怀。

　　圣诞节临近的夜晚,娜拉一位过去的朋友林丹太太找到了她。这位数年未见的太太已经成了寡妇,孤身一人,生活拮据,她来找娜拉,正是希望娜拉刚刚升职的丈夫为自己在银行里谋求一个职位。

　　娜拉的幸福生活让林丹太太十分羡慕,可是娜拉告诉林丹太太,她的生活并不如看到的那么容易,她还藏着一个大秘密呢!原来,他们刚刚结婚的时候,因为生活拮据,丈夫海尔茂拼命地工作,结果因为太过劳累,病倒了。医生要求他们前往意大利南部休养,不然她的丈夫会有生命危险,但他们根本拿不出那么多的钱。于是,勇敢的娜拉找银行职员以自己父亲的名义借了一笔钱,并骗丈夫说,是自己的父亲拿出了这笔款项。有了钱,他们顺利地到了意大利休养,海尔茂也才得以恢复健康。而娜拉,为了瞒住丈夫这件事,不得不在私底下做不少手工来还债,她还在半夜接了抄写的工作,甚至于她根本不敢为自己添置任何东西。艰难的日子直到现在,因为丈夫的升职才得到了缓解,她才不用为生计操心。

　　海尔茂接受了林丹太太的请求,为她提供了一个在银行里做簿记的工作。可是,这个职位原本是柯洛克斯泰的,因为他伪造签名的行为,海尔茂开除了他。但海尔茂不知道的是,娜拉的借款,正是找柯洛克斯泰做的。

　　柯洛克斯泰找到了娜拉并告诉她,他已经发现当年借款单上娜拉父亲的签名是娜拉伪造的,因为娜拉的父亲是九月二十九日去世的,可是借款单上签字的日子是十月二日。柯洛克斯泰拿这件事威胁娜拉,让她丈夫恢复自己的职位,否则他就会将这件事公布出去。

　　娜拉向丈夫请求不要开除柯洛克斯泰,但海尔茂并不理会自己的妻子,坚持要开除他。无计可施的娜拉只能转而向知道真相的林丹太太求助,希望她能代表自己去和柯洛克斯泰谈判,请他不要将这件事告知自己的丈夫。

巧合的是,林丹太太和柯洛克斯泰正是一对相爱的恋人,柯洛克斯泰不能失去工作,也恰恰是为了给林丹太太舒适的生活。在林丹太太的劝说下,柯洛克斯泰决定放过可怜的娜拉。

然而,这时海尔茂已经收到了柯洛克斯泰先前的来信,信中披露了娜拉借款的事情。得知了一切的海尔茂震怒万分,伪造签名可能给他造成名誉、地位的损失,令他异常害怕,他毫不留情地指责娜拉是个伪君子,撒谎的人,沾满了她父亲的坏德行,要求娜拉解决这件事,不要牵累到自己。

正在这时,柯洛克斯泰写给娜拉的第二封信到了,信中柯洛克斯泰将借款单还给了娜拉,告诉她不必再辛辛苦苦还债了。看到这一切的海尔茂立刻变了一副面孔,他立刻烧掉借款条,和颜悦色地告诉娜拉自己已经原谅她了,他知道娜拉这一切都是因为爱自己。他还告诉娜拉说,要是男人饶恕了他老婆——真正饶恕了她,从心坎儿里饶恕了她——他心里会有一股无法形容的好滋味。

丈夫戏剧般的变化令娜拉看清了一切。原来,她不过是丈夫的小玩意儿,“小鸟儿”“小松鼠”根本就不是充满爱意的昵称,而是一个小玩具的称呼。她过去是父亲的泥娃娃,现在是丈夫的泥娃娃,她只是个不能有自己想法的小玩意儿,一旦出了什么事,就会立刻被指责,乃至抛弃。

现实令娜拉醒悟了,“首先我是一个人,跟你一样的一个人——至少我要学做一个人。”娜拉站了起来,走出了这个曾经是自己心目中庇护所的家,她走了出去,开始追寻真正的自己。

在这部戏剧刚刚问世的 1879 年,娜拉这样的女性形象如晴天霹雳,唤醒了无数被压抑、被限制、被丈夫玩弄于掌心的妻子们。娜拉的出走,代表着那个年代女性对于不平等现实的抗争。没有激烈的行为,只是走出去,走到更广阔的世界中去,勇敢坚定地开启自己的新生活。也许娜拉的行为现在看起来太过普通,但曾经的她教会了无数女性去反抗,她是当之无愧的女性解放的先驱。

娜拉是挪威剧作家易卜生在《玩偶之家》里面的人物,图为易卜生。

奥赛罗
（Othello）

——轻信

　　威尼斯的街道上，罗德里格和伊阿古两人在为同一个人愤懑不平，他就是黑人将军奥赛罗。罗德里格爱慕着奥赛罗的爱人苔丝狄蒙娜，不能容忍她嫁给了和他们肤色不同的黑人，而伊阿古则因为奥赛罗拒绝把自己选为副官而记恨着他。两人想要向奥赛罗报复，于是他们跑到了苔丝狄蒙娜家门口，向她的父亲勃拉班修告状，说他珍贵的女儿居然选择了一头黑马、一个下贱贪淫的摩尔人做自己的丈夫。

　　勃拉班修大惊失色，他还不知道自己女儿已经偷偷和奥赛罗结婚的事情，他不愿意自己的女儿嫁给与自己肤色不同的异类，立刻命令手下找回自己私自出走的女儿。而制造这一切事端的伊阿古，却又假惺惺地来到了奥赛罗面前，向奥赛罗造谣说，勃拉班修捏造了许多破坏他名誉的谣言，并且将会用种种手段对奥赛罗加以压制和迫害。

　　正在这时，勃拉班修找到了奥赛罗，指责他拐骗了自己的女儿，并要求元老会以法律制裁奥赛罗。在元老们的面前，奥赛罗讲述了他怎么样以自己一生最惊险离奇的经历迷住了苔丝狄蒙娜，并获得了她真挚爱慕的经过。而苔丝狄蒙娜也坚定地表示，她已经是奥赛罗的妻子，必须当她自己该当的名分。勃拉班修无计可施，只能不情愿地承认了他们的婚姻。

　　与此同时，土耳其人正在向塞浦路斯大举进犯，奥赛罗临危受命，奉命前去镇守。但勃拉班修不愿意收留自己的女儿，而苔丝狄蒙娜也不愿与顽固的老父亲同住，发誓要与奥赛罗同进退，终于获准了与奥赛罗同去。

　　阴谋没有得逞，令罗德里格大受打击，但伊阿古说，只要罗德里格给他更多的钱，他就能够巧妙地报复奥赛罗，而奥赛罗还并不知道伊阿古的两面三刀，托付他照顾自己的妻子。

　　地狱和黑夜正酝酿成空前的罪恶，开始向世界显露它的面目。

　　塞浦路斯的码头边，人们在急切地等待着从海上征战回来的将军奥赛罗。在狂风暴雨之中，奥赛罗和妻子终于平安归来。而伊阿古的阴谋，也正渐渐张开翅膀。

　　庆贺胜利的晚宴上,伊阿古先故意灌醉了奥赛罗的副官,就是那个阻挡了他前程的卡西奥。他教唆罗德里格挑衅卡西奥,引得两人大打出手。卡西奥的错误举动使得奥赛罗不得不惩处他,免除了其副官的职位。伊阿古的第一个诡计得逞了。

　　此时,伊阿古又故意去向卡西奥提议,让他找苔丝狄蒙娜求情。苔丝狄蒙娜同情他的遭遇,竭力为他向丈夫求情。伊阿古又故意挑拨离间,让奥赛罗留意卡西奥和苔丝狄蒙娜的关系。他更进一步给奥赛罗提议说,可以故意不恢复卡西奥的职位,如果苔丝狄蒙娜一直不断地为他求情,那就说明他们有染。在他的不断渲染下,奥赛罗开始猜忌起自己的妻子和副官来。

　　对妻子的猜疑令奥赛罗满心焦躁,他坐立不安,心头始终被怀疑的毒蛇缠绕。他质问伊阿古有没有实际的证据,伊阿古大编谎言,假称他曾经听到卡西奥在睡梦中称呼苔丝狄蒙娜为可爱的人儿,并听到卡西奥说:"不要让别人窥破了我们的爱情!"伊阿古假称曾经在卡西奥那里看到过苔丝狄蒙娜的手帕,那手帕确实是奥赛罗和苔丝狄蒙娜的定情信物。

　　伊阿古的话令奥赛罗充满了憎恨,无处发泄的愤怒蒙蔽了他的双眼,他已经没有理智去分辨伊阿古的话是否真实。实际上,伊阿古的妻子,苔丝狄蒙娜的女仆爱米莉亚正好捡到了手帕,伊阿古强迫她将手帕给了自己,并将之趁机放到卡西奥的寓所里。

　　奥赛罗向妻子质问手帕的下落,可是苔丝狄蒙娜不想让他知道自己弄丢了手帕,却向奥赛罗要求先恢复卡西奥的职位。妻子的举动令奥赛罗更加怀疑了。而卡西奥正好在寓所发现了美丽的手帕,因为喜爱便随身携带了。

　　这时,伊阿古特意约卡西奥出来谈话,让奥赛罗从旁窃听。他故意提起苔丝狄蒙娜的名字,又让奥赛罗发现卡西奥随身携带着妻子的手帕。他故意逗引卡西奥聊些他与其女友的风流韵事,逗得卡西奥哈哈大笑,让奥赛罗以为他在嘲笑自己。这一切让奥赛罗确定了妻子的通奸行为,他再也无法忍受,决意杀死自己的妻子,他还要求伊阿古杀死与他妻子通奸的卡西奥。

奥赛罗与苔丝狄蒙娜。

　　伊阿古怂恿罗德里格去杀死卡西奥,罗德

里格刺伤了卡西奥，自己重伤昏迷。而奥赛罗尖刻地指责妻子是个不要脸的娼妓，要求妻子坦白自己的罪行。苔丝狄蒙娜尽力解释，却无法得到奥赛罗的信任。

嫉妒的怒火已经充斥了他整个心胸，他的双眼已经看不见真实，终于，奥赛罗在床上勒死了自己的妻子。

赶来的爱米莉亚目睹了这一切，奥赛罗告诉她，她的丈夫伊阿古知道这一切的缘由。爱米莉亚告诉奥赛罗，伊阿古是从自己那里获得苔丝狄蒙娜的手帕的。醒来的罗德里格也向奥赛罗坦白了伊阿古撺掇他杀死卡西奥的事实。

奥赛罗这才知道，自己误会了忠贞的妻子，悲痛和愧疚让他失去了活下去的勇气，他拿起刀，自刎于妻子的床边。

奥赛罗的悲剧来自他性格的缺陷，他有勇气、有智慧、有情感，他可以在战争中获胜，却无法控制自己的嫉妒与愤怒。他的轻信，不仅断送了他妻子的性命，也最终让他失去了生存下去的勇气，逃不过自杀的命运。爱情与嫉妒，轻信与背信，就是《奥赛罗》最大的主题。

超人
（Overman）
——生命的强者

当查拉图斯特拉来到这个紧靠森林的市镇,他发现市场上已聚集着许多人,因为有人已经预告可观看一场走绳索表演。

查拉图斯特拉对人们如是说——

我给你们讲授超人。人是一种应该被超越的东西。你们都做了些什么以便超越呢?

迄今,一切生物都创造了某些超越自身的东西。难道你们愿做这涨潮中的落潮,宁愿退化为动物而不为超人吗?

对人而言,猿猴是什么? 一种可笑的动物,或一种痛苦的羞耻。对超人而言,人也是可笑之物,或痛苦的羞耻。

你们走过了由蠕虫变人的道路,可是你们当中仍有许多人是蠕虫。你们曾是猿猴,可是现在的人比任何一种猿猴更猿猴。

即使你们当中的绝顶智者,也不过是植物和魔鬼的矛盾体和阴阳人。我叫你们变成植物和魔鬼吗?

你们看呀,我给你们讲授超人!

超人是尘世的精义。让你们的意志说吧:超人是尘世的精义!

我向你们发誓,弟兄们,你们要忠于尘世,别相信那些向你们奢谈超凡脱俗的希望的人! 他们不管有意无意都在放毒。

他们都是蔑视人生的人,是濒死者和毒害自己的人,尘世已厌倦他们,但愿他们死去!

对上帝的亵渎虽是最大的亵渎,但上帝死了,故渎神者也死了。现在,亵渎尘世、尊崇高于尘世意义的不可知事物乃是最可怕之事。

灵魂曾轻蔑地注视肉体:当时这轻蔑是高尚无比的——它希望肉体羸弱、丑陋、衰迈,企图以此逃脱肉体和生世。

噢! 这灵魂本身才是羸弱、丑陋和衰迈呢! 这灵魂的极乐便是残酷啊!

但是，弟兄们，请告诉我：你们的肉体是怎样说你们的灵魂的呢？你们的灵魂难道不是贫乏、龌龊、一种可怜兮兮的惬意感？

真的，有些人形成一条肮脏的河流。为了接纳这条河，人们必须是海，且本身并不变脏。

看呀！我给你们讲授超人：超人即海洋，你们的伟大轻蔑会在海中沉没。

你们有可能经历的最了不起的东西是什么呢？是伟大的轻蔑时刻。在这一时刻，你们的幸福、理智和美德全都变得讨厌了。

在这一时刻，你们说："我的幸福算得了什么！它是贫乏、龌龊、一种可怜兮兮的惬意感！我的幸福应为生存本身辩护！"

在这一时刻，你们说："我的理智算得了什么！理智对知识的渴望如同狮子渴求食物一样吗？它是贫乏、龌龊、一种可怜兮兮的惬意感！"

在这一时刻，你们说："我的美德算得了什么！它还没有让我激怒。我对自己的善与恶是多么厌倦啊！这一切全是贫乏、龌龊、一种可怜兮兮的惬意感！"

在这一时刻，你们说："我的正义算得了什么！我不认为我是火焰和燃料，正义之人才是火焰和燃料！"

在这一时刻，你们说："我的同情算得了什么！同情难道不就是那个十字架，那个爱人者被钉在上面的十字架吗？我的同情不是磔刑。"

你们如此说了吗？你们如此喊了吗？唉！但愿我听见你们是这样喊了！

不是你们的罪过朝天叫喊，而是你们的满足感及其罪过中的贪婪朝天叫喊！

闪电，用火舌舔食你们的闪电在何方？给你们注射疫苗的疯狂在何方？

看呀！我给你们讲授超人：超人就是这闪电，就是这疯狂！

查拉图斯特拉做了如上的演说，人群中有一个人嚷道："我们对那个走绳索的演员已经听得够多了，现在让我们见见他本人吧！"所有的人嘲笑查拉图斯特拉。但走绳索的演员知道这话是冲他而发的，于是就开始表演。

哲学家尼采。

这可不是那位来自氪星，以打击罪恶为己任的超人（Superman），而是尼采笔下的"超人"（Overman），意即努力超越自我的人。这个超人在哲学史上具有举足轻重的意义。他是一个体现最丰富充实的生命意志的人，是最具有旺盛创造力的人，是生活中的强者。

哈洛尔德
（Harold）
——冷漠

"从前有位少年，住在阿尔比温岛上，他对于一切正经事都感到厌烦；他白天过着放浪的生活，十分荒唐，夜晚也总是饮酒狂欢，闹个通宵达旦。我的天！他实在是个无耻的闲汉，整个人沉湎于花天酒地，不顾罪恶；除了几个情妇和一群好色的伙伴，还有大大小小恬不知耻的酒糊涂，这人世间的事，他心里可满不在乎。"

恰尔德·哈洛尔德是英国的一个贵族青年，曾经的他沉溺于上流社会的繁华奢靡，每天花天酒地，过着昏天黑地的懵懂日子。渐渐地，他开始不满足于这纸醉金迷、骄奢淫逸的生活，他觉得空虚无聊，他渴望寻找到生活的意义，于是，他决定离开家乡，出国旅行，去寻找人生的意义。

"别了，别了！我的故土，消失在碧海尽头，晚风悲叹，巨浪狂呼，海鸥也尖叫不休。远方的夕阳冉冉沉去，船正扬帆追赶，暂且告别吧！太阳，和你——我的故乡啊——晚安！不久，太阳会重新出来，孕育崭新的一天；我会迎接那蓝天碧海，却不见我的故园。美好的宅邸荒无人烟，炉子里火灭烟消；丛生的荒草爬满墙垣，爱犬在门前哀号。"

怀着苦闷沉重的心情，哈洛尔德出发前往葡萄牙和西班牙。当时正是拿破仑统治下的法兰西第一帝国横扫全欧洲的时候，葡萄牙和西班牙为了抵抗拿破仑的独裁统治，掀起了如火如荼的反法战争。哈洛尔德在葡萄牙的里斯本看到了"蓬头垢面的居民死在垃圾之间"，在西班牙，他在萨拉戈萨听到了女英雄奥古斯丁娜英勇抗敌的故事。葡萄牙和西班牙人民的不屈反抗，令哈洛尔德感受到了人民的英勇、顽强。可是，这兴奋感如此短暂，哈洛尔德感觉自己仍然只是个局外人，身为一个贵族青年，他并不能理解普通老百姓的情感，尽管他不愿与统治者同流合污，却又不敢正视现实，无法加入人民的反法战争中去，他很快又感觉孤独、忧郁。

此后，哈洛尔德又去了美丽的希腊和意大利。他在希腊凭吊辉煌的古迹，在阿尔巴尼亚观看了剽悍士兵的狂欢活动。但各地美丽的风光和悠久的历史都只能令他获得短暂的安慰，他还是无法寻找到生活的意义。最后，他在罗马结束了自己的

浪漫主义文学泰斗——
拜伦。

旅程。在长久的游历中,他始终保持着一个外来者的身份,对所有的事情都非常冷漠消极。

拜伦笔下的哈洛尔德,是一个非常有代表性的人物。哈洛尔德虽然厌倦上流社会的空虚无聊,却又不愿意切断自己与其的联系,投入平民社会的反抗中去。在这矛盾的挣扎中,他始终保持着一个冷漠的旁观者的形象,他是一个冥想者、观察者、思索者,却不是一个参与者。

哈洛尔德实际上代表了当时资本主义知识分子的普遍特质。他们对现实不满,却又无力改变现实,他们赞美改革,却胆怯于令人未知的改变,没有参与感和存在感,对整个社会都怀抱着冷漠的旁观者态度。

唐璜
（Don Juan）
——贵族的腐朽

在西班牙南部名城塞维尔,有一位名叫唐璜的年轻人。他的父亲是当地有名的贵族,十分富有,名声很好;他的母亲亦出身名门,聪慧异常,非常有学问。他俩十分恩爱,但在中年时才生下唐璜,因此对他宠爱异常,使得他变得顽劣无赖。

后来,父亲在唐璜年轻时不幸过世,他的母亲一心培养他成才,教他军事、艺术、自然科学等各方面的知识,尤其是伦理道德方面,更是她强调的重点。

在母亲的呵护下,唐璜逐渐长成了一个英俊潇洒的年轻人,再加上他的才华与天资,他成为不少少女爱慕的对象。唐璜的朋友中有一个名叫唐娜·朱丽亚的贵妇,长得年轻漂亮,然而她丈夫却已年过半百,对婚姻生活的不满让她爱上了唐璜。两人的丑闻传遍了整个城市,唐璜再也待不下去,他的母亲只好将他送到欧洲去旅行。

航船在驶往意大利的途中遭到了大风暴的袭击,唐璜鼓励了失去希望的水手,带领他们修理船舱,排除积水,但是船最终还是沉没了。他们乘坐船上的快艇逃生,在几乎绝望的时候,终于看到了一个海岛。唐璜奋力游上岸去,被一位年轻貌美的女子救了。原来,这女子是希腊大海盗兰布洛的女儿海黛,东方诸岛上最富有的继承人。海黛第一次见到如此美貌的少年,立时对他倾心不已,她将唐璜藏在身边,两人一见倾心,私订终身。

不久,传来了兰布洛在海上抢劫时出事身亡的消息。海黛再无顾虑,决定公开和唐璜结婚。可是,就在新婚之夜,兰布洛突然出现,他将唐璜抓了起来,带到君士坦丁堡作为奴隶出售。

英俊的唐璜很快就被土耳其王宫的黑人太监看中。黑人太监出高价把他买下,装扮成妇女,送进后宫让他服侍一位王后。但是,唐璜一心思念天真纯洁的海黛,他想方设法逃出了王宫,辗转到了正与土耳其交战的俄国部队中。

加入部队的唐璜并不喜欢俄国的制度,但他爱慕荣誉,仍旧卖力地打仗,立下了战功,获得了沙俄统帅的重视。他杀死了不少土耳其人,却又从凶残的哥萨克士兵的屠刀下救出了一个十岁的土耳其女孩。

沙俄占领土耳其首都之后，唐璜受命去彼得堡向女沙皇报捷。女沙皇卡萨琳生活放荡，一看到英俊健壮的唐璜，便产生了兴趣，将唐璜留在了身边。除了伺候女沙皇，唐璜还和不少女官、侍女同宿，时间一久，他的身体越来越差，遭到了女沙皇的冷落。他暂时离开彼得堡，出国到温暖的南方旅游疗养。

后来，沙俄和英国结成同盟，女沙皇便派唐璜作为外交使节前往英国进行谈判。原本，身为西班牙贵族的唐璜非常仇恨英国，因为西班牙在与英国争夺海上霸权的战争中大败，失去了在南、北美洲的殖民地，可是，当他踏上英国的国土之后，所见到的情况却给他留下了很好的印象，让他改变了以往的看法。

然而，在直接接触了英国政府之后，他发现这个王国不过是"一所超等动物园"，里面的大臣们完全是"没有丝毫人气味的畜生"，议会是一个专搞捐税的机构，财阀们才是英国和欧洲各国的真正主子。

唐璜虽如此想，却与英国贵族们打得火热，天天进出贵族、富豪居住的伦敦西区。他与不少的贵族妇女勾勾搭搭，眉来眼去。一天晚上，英国最美丽风流的国王情妇弗芝·甫尔克夫人竟然化装成僧侣，暗地里闯进了他的卧室……

《唐璜》并没有写完，拜伦就已经投身于希腊的民族解放运动中并为之牺牲了。但缺失结局并不影响这部作品的地位，文中对上流社会辛辣的讽刺，使它成为拜伦当之无愧的代表作。

唐璜原本是西班牙传说中的一个人物，是个玩弄女性的花花公子，在欧洲社会是"情圣"的象征，而拜伦则赋予了他更丰富、更深层的内涵。借着唐璜的游历，拜伦展现了整个英国贵族社会的浮夸、堕落和糜烂。

堂吉诃德
（Don Quixote）
——信仰与固执

　　他，堂吉诃德；他，塞万提斯。提到堂吉诃德，就必须了解他的缔造者塞万提斯。

　　塞万提斯是一个很努力的人，原本出身于社会底层的一个贫困家庭，从小就颠沛流离，有限的家庭收入，只能供他读到中学。但是，出身贫寒丝毫不能左右塞万提斯不屈的性格，凭借自身的努力，二十三岁时他到意大利当了红衣主教胡利奥的家臣。

　　对很多人来说，人生可以止步于此，从此安于现状了，但对塞万提斯来说，如果人生就只是这样，那真是和咸鱼没有分别。一年后，他毅然选择参军，加入了西班牙驻意大利的联军，参加了著名的勒班陀大海战。这次战争联军取得了伟大的胜利，重创侵犯者土耳其舰队。战役中，塞万提斯带兵坚持抵抗表现顽强神勇，但代价也很巨大，由于负伤过重，他失去了左手，换来了"勒班陀残臂人"的称号。在经过了四年血雨腥风的军旅生涯后，他带着联军统帅和西西里总督的介绍信返回祖国。

　　一名战斗英雄，带着名人的推荐信，荣归故里。然而就在归国途中，他被海盗俘虏了。原本对海盗来说，他只是个伤残的士兵，价值不大，但是恰恰从他身上发现了两封推荐信，使得海盗觉得他奇货可居，开始向西班牙政府勒索巨额赎金。塞万提斯不堪忍受作为奴隶的屈辱，开始计划和其他奴隶们逃跑，但都以失败告终。或许是一个残疾人的矢志不渝使这些四肢健全但同样身为奴隶的人感到羞愧，他获得了奴隶们的爱戴和信任。同样的，他所做的这一切不光对同样身为奴隶的人产生了影响，对看管他们的海盗也产生了触动，海盗首领对这位虽然身处囹圄，但灵魂不屈不挠的人敬佩不已。终于，海盗首领下令解除了塞万提斯的枷锁，让这位战斗英雄回到了阔别已久的故土西班牙。

　　回到了西班牙，塞万提斯就能过上他想要的生活吗？西班牙对他来说也不是天堂，国王对他没有太大的兴趣，塞万提斯再一次回到了原点。为了生活，他做过很多职业，当过军需官、税吏，接触过农村生活，还被派到美洲公干。丰富的阅历，不同层面的人士的接触,给他的思想带来了很大的启发,他开始写作,以自己独特的视角来诠释他心中的世界。

这就是一个真实的塞万提斯,对现实永不妥协。这里还有一个虚拟的堂吉诃德,疯狂以至于不断失败。

塞万提斯笔下的堂吉诃德是个很迂腐顽固的人,然而在他五十岁的时候,居然被骑士小说深深吸引,不能自拔,疯狂地想成为一名骑士。他决定让自己像个骑士,首先他需要一副行头,祖上给他留下一副破烂不堪的盔甲,这令他如获至宝。骑士还需要马,他找到了一匹瘦得只剩下皮包骨头的马,但对堂吉诃德来说,瘦没有关系,名字一定要响亮,为此他花了整整四天的时间,给它取了罗齐南脱这个名字。骑士都有忠贞不渝的爱情,堂吉诃德也不例外,他精挑细选,将邻村挤奶的姑娘作为自己一生的挚爱,他称呼她为杜尔西内雅,发誓终身为她效劳。

准备好了这一切,堂吉诃德义无反顾地开始了他行侠仗义的骑士生涯。刚开始他的运气还不错,他碰到一个给地主家放羊的孩子犯了错被地主绑在树上毒打,他怎么能够容忍这种事情发生!他以骑士的身份命令地主给小孩松绑,还得付上所欠的工钱,地主被突如其来的怪人吓了一跳,按照他的吩咐,赶紧给小孩松绑,还付给小孩工钱。堂吉诃德对自己的表现非常满意,志得意满地离开了。但就在他走后不久,地主又把小孩绑在树上,这次更狠地抽打了一顿。

勒班陀海战。

堂吉诃德被骑士精神鼓舞着,继续去实现做一名骑士的幻梦。这次他碰到了一个商人,为了表达他对爱人的忠贞,他强迫商人承认他的意中人是位绝代佳人,可是商人根本不买他的账。堂吉诃德不能忍受别人对他的蔑视,他决定给商人一点教训,结果自己被打得动弹不得,铩羽而归,还是被一个好心的过路人放在马背上送回了家。他的第一次骑士之旅就这样结束了。

他的遭遇让家人担心不已,虽然把他的骑士小说全部销毁,但是他的幻梦已经深入骨髓,家人的反对只让他更加坚定。他相信世界是需要骑士精神的,游侠的复兴重任要靠他来承担。他说服了一个老实人桑丘做他的随从,并许诺有朝一日让他当总督。带着桑丘,他开始了第二次旅行。

堂吉诃德的骑士梦已经渴望到了无以复加的地步,以至于他迫切地需要一战成名,于是他决定向34架风车发起战争。他对桑丘做战前的鼓舞,告诉他一旦消灭它们就能获得巨大的财富。桑丘可不傻,告诉堂吉诃德那是风车。但热血沸腾的堂吉诃德怎么可能临阵退缩,他挺起长枪,奋起瘦马,疯狂地向他心中的巨人冲去。结果他连人带马被风车丢了出去,狼狈不堪。即使遭遇如此的打击也没能让堂吉诃德清醒,他还是一如既往地做着蠢事,最后又被人锁在牛车里送回了家。

堂吉诃德对抗风车。

执迷不悟的堂吉诃德在短暂的休养之后又开始了第三次旅行,一路上继续做着没有结果的傻事,和桑丘吃尽了苦头。等到他们辗转回到家乡时,他就一病不起了。经过这一番游历,他已认识到自己从前是个疯子,那些骑士小说都是胡说八道,但现在醒悟,是否已经太晚了呢?

为了不合时宜的骑士精神,堂吉诃德被打掉牙齿,削掉手指,丢了耳朵,弄断肋骨,但他仍执迷不悟。这一切,都是为了两个字:梦想。尽管他的梦想如此可笑而疯狂,但他那无畏的精神、英雄的行为、对正义的坚信,以及对爱情的忠贞,都验证了信仰的力量。不过,塞万提斯同样向我们展示了信仰的背面。人都或多或少需要精神的支持,如果没有精神,人就很难去面对现实,但没有实际根基的信仰,不过是一种固执。盲目的、无止境的、虚无缥缈的精神追求,会被现实狠狠地教训。

套中人
(People in the Covering)
——禁锢与保守

别里科夫是城中的希腊语教员，却也是城中最显眼的存在。他只要出门，哪怕天气很好，也总要穿上鞋套，带着雨伞，而且一定穿上暖和的棉大衣。他的伞装在套子里，怀表装在灰色的鹿皮套子里，有时他会掏出小折刀削铅笔，那把刀也装在一个小套子里。就是他的脸似乎也装在套子里，因为他总是把脸藏在竖起的衣领里。他戴墨镜，穿绒衣，耳朵里塞着棉花。每当他坐上出租马车，一定吩咐车夫支起车篷。他的卧室小得像口箱子，又闷又热，他从来不肯开窗，床上挂着帐子，睡觉的时候还要用被子蒙着头。

别里科夫是个胆小守旧的家伙，他的口头禅是"但愿不要惹出什么事端！"他严格地遵守着一切的规章，不吃荤，不打牌，不大声谈笑，没有任何的娱乐活动。他拒绝戏剧社、茶馆或者阅览室，这些东西总让他觉得可疑，会导致可怕的后果。他有一个古怪的习惯——到同事家串门子。他会走到同事的家里，坐下后一言不发，就好像在监视什么，等坐了一个多小时之后，才起身离去。被他拜访的同事都因为他的到来而战战兢兢，总觉得在被他监视，会因为犯错而被指责。他那种顾虑重重、疑神疑鬼的作风和一套纯粹套子式的论调，把人们压得透不过气来。他说要把调皮的彼得罗夫和叶戈罗夫开除，遭到了其他同事的拒绝，于是他用不断的唉声叹气和牢骚的话语影响着他们，直到学校不得不开除他们两个为止。人们畏惧这个没有半分权势的小职员，连校长也怕他三分，何止是校长呢？连整个城市都在他的把持之下。他像个幽灵一样徘徊在人们的心中，就算他没出现，人们也不敢大声讲话，不敢笑，太太、小姐们不敢安排家庭演出，神职人员不敢吃荤和打牌。全城的人都变得谨小慎微，事事都怕。怕写信，怕交朋友，怕读书，怕接济穷人，怕教人识字，人们过着日复一日的单调日子，不敢有丝毫的改变。

总而言之，别里科夫永远有一种难以克制的愿望——把自己包在壳里，给自己一个所谓的套子，使他可以与世隔绝，不受外界的影响。现实生活令他懊丧、害怕，弄得他终日惶惶不安。也许是为自己的胆怯、为自己对现实的厌恶辩护吧，他总是赞扬过去，赞扬不曾有过的东西。就连他所教的古代语言，实际上也相当于他的鞋套和雨伞,他可以躲在里面逃避现实。

　　然而,这个套子里的人,却差一点结婚了。那是一个个子高挑、性格活泼的女孩,在那群在别里科夫阴影下压抑而沉默的教员当中,她是一道特殊的风景。这位叫作华连卡的女孩喜欢高声大笑,明媚的脸蛋充满了生命力,她时不时哼唱着小俄罗斯的抒情歌曲,双手叉腰走来走去,又笑又唱,翩翩起舞……仿佛美神阿芙洛狄忒从大海的泡沫中诞生。连别里科夫也被她迷住了,他在她身边坐下,甜蜜地微笑,说:"小俄罗斯语柔和、动听,使人联想到古希腊语。"

　　人们决心把他们两个撮合到一起,希望"有人夺走他的鞋套和雨伞",也撕去笼罩在自己头上的阴影。但结婚的念头让别里科夫心生恐惧,结婚所带来的改变,未来的责任和义务都令他惶惶不安,华连卡的活泼更令他担忧会遇上什么麻烦。

　　一天,别里科夫和其他师生一起去郊游,却看见了骑着自行车、兴高采烈从他身边经过的华连卡,这一幕深深地震惊了别里科夫。"请问,这是怎么回事?"他喃喃道,"还是我的眼睛看错了?中学教员和女人都能骑自行车,这成何体统?"无法接受的别里科夫前往华连卡姐弟的家中,郑重地劝告华连卡的弟弟,不能做这么可怕且不成体统的事情,"如果教员骑自行车,那么学生们该做什么呢?恐怕他们只好用头走路了!既然这事未经正式批准,那就不能做。昨天我吓了一大跳!我一看到您的姐姐,我的眼前就发黑。一个女人骑自行车——这太可怕了!"可是,华连卡的弟弟非常讨厌顽固胆小的别里科夫,他毫不客气地叫他滚蛋,并揪着他的衣领,将他从楼梯上推了下去。正在这时,华连卡走了进来,看到了别里科夫那可笑的模样,她竟然忍不住哈哈大笑了起来。

　　这笑声彻底令别里科夫病倒了,他情愿摔断自己的脖子,也不希望别人看到他这可笑的模样。天啊!这下子全城的人都会知道了,还会传到校长和督学那里,校方一定会辞退他的……这些担忧令别里科夫病倒在了床上,再也不肯起来,也不愿意见任何人。他躺在帐子里,蒙着被子,一声不响,希望把自己和整个世界隔离开来。

　　一个月以后,别里科夫去世了。城市里的人忽然感觉到,他们能够自由呼吸了,那笼罩在头顶、时刻令他们感觉压抑的阴影消散了。但这自由仅仅持续了一个星期,生活很快回复了原样,依旧那么严酷,令人厌倦,毫无生气。毕竟,一个别里科夫去世了,但还有很多生活在套子里的人呢!而且将来还会有多少套中人啊!

　　套中人是俄罗斯文学中最有代表性的形象之一,压抑、守旧,害怕一切变化,对自由充满了恐惧,他不光将自己装在一个无法挣脱的套子里,甚至还想将其他人限制在这个压抑的套子里。再也不能过这样的日子了,抛开那些本不该存在的枷锁吧!这也许正是作者契诃夫所要告诉我们的。

第二十二条军规
（Catch-22）
——荒诞

　　第二次世界大战期间，美国的一个飞行大队驻扎在地中海的皮亚诺扎岛上。大队的指挥官卡思卡特上校一心想当将军，为了达到自己的目的，他一次次地增加部下的轰炸飞行任务，意欲用部下的生命博取上级的欢心，来换取自己升迁的机会。

　　约塞连是部队里的一名军官，他在军队里待了很久，已经飞行了四十四次。在军队的日子里，他亲眼见到了各种荒诞、疯狂和残酷的事，自私狡诈的人可以依靠投机而步步高升，还获得了军事天才的名号，这令当初满怀热忱、怀抱理想的他对战争开始充满厌倦。他已经厌倦了飞行和军队的一切，想尽办法要离开部队，逃离这个疯狂的世界。可是，按照规定，他必须飞行满五十次，才能结束任务。为了不再继续执行飞行任务，他找到了军队里的丹尼卡医生，想要知道如何才能停飞。

　　丹尼卡医生告诉他，第二十二条军规明文规定，医生必须禁止任何一个疯子执行飞行任务。

　　"那你为什么不让我停飞？我真的是疯了。"为了逃避飞行任务，约塞连宣称自己是个疯子，"你去问问其他人。他们会告诉你，我究竟疯到了什么程度。"

　　"他们一个个都是疯子。"

　　"那你为什么不让他们停飞？"

　　"他们怎么不来找我提这个要求？"

　　"因为他们都是疯子，原因就在这里。"

　　"他们当然都是疯子，"丹尼卡医生回答道，"我刚跟你说过，他们一个个都是疯子，是不是？但你总不至于让疯子来判定，你究竟是不是疯子，对不对？你要知道，得先由你自己来向我提出这个要求，规定中有这一条。"

　　约塞连看着医生，忽然明白了："你是说这其中有个圈套？"

　　"那当然，"丹尼卡医生答道，"这就是第二十二条军规。凡是想逃脱作战任务的人，绝对不会是真正的疯子。"

约塞连明白了,他根本无法用装疯来逃避飞行。军规规定,你如果疯了,可以获准停止飞行。停止飞行的前提是,你必须向部队提出要求。可是,凡在面对迫在眉睫的、实实在在的危险时,对自身的安危所表现出的关切,就是大脑的理性活动过程。一旦你提出要求,就说明你对自己的安危有清醒的认识,也证明你并没有疯,那你必须继续执行飞行任务。

约塞连这才知道,自己已经陷入了一个无法解决的循环怪圈。但他并未死心,没多久,他听说第二十六空军司令部有规定,飞行满四十次,就可以停止服役回家,而这时的他已经飞行了四十八次,按照规定可以回家了。可是,丹尼卡医生告诉他,第二十二条军规还规定,他必须服从指挥官的每一个命令:"即便上校违反了第二十六空军司令部的规定,非要你继续飞行不可,你还是得执行任务,否则,你违抗命令便是犯罪。"

约塞连的心凉透了,他彻彻底底地发现,这第二十二条军规用螺旋式的诡辩,将他带进了一个完全无法逃脱的境地。第二十二条军规就是一个巨大的陷阱,它根本就不真实存在。当发现自己陷入了一个巨大的荒诞的世界里之后,约塞连终于放弃了通过正常手续退役的打算,开小差逃往了瑞典。

《第二十二条军规》是美国小说家约瑟夫·海勒最著名的作品。"如果你能证明自己发疯,那就说明你没疯。"这充满黑色幽默的逻辑是整个故事的高潮所在,那并不存在的第二十二条军规,是专制制度荒谬的现实体现,它以其无法反驳的奇怪逻辑控制和压迫着人们,使人们永远无法摆脱,并逐渐疯狂。

这个故事太过著名,以至于现在第二十二条军规(Catch - 22)成为美语中一个独立的单词。它代表着一切自相矛盾、不合逻辑的规定,也可以表示人们处于左右为难的境地,或者是一件事陷入了死循环,或者跌进逻辑陷阱,等等。

贝奥武夫
(Beowulf)
——英雄

　　在古代丹麦,国王荷罗斯加建起了雄伟的宫殿希奥罗特,宫殿建成之时,荷罗斯加举行了盛大的庆典。欢乐的庆典吸引了怪兽哥伦多的注意,它趁着夜色,在人们都已陷入沉睡的时候,夜袭了荷罗斯加的宫殿,杀死了不少的武士。

　　第二天清晨,从睡梦中醒来的荷罗斯加才知道哥伦多昨夜犯下的暴行,他决意为死去的武士复仇,向哥伦多宣战。

　　十二年过去了,哥伦多进攻古丹麦的消息传到了另外一个部族——耶阿特的耳中。耶阿特的领主贝奥武夫决定帮助古丹麦人,他带领着自己最好的武士来到了希奥罗特。得知他的到来,荷罗斯加非常高兴,原来,当年贝奥武夫曾经帮助过自己的父亲。

　　荷罗斯加在宫殿里为贝奥武夫举行了盛大的欢迎仪式,以感谢他拔刀相助。在庆典的高潮时刻,丹麦的王后薇尔皙欧走上前来,为贝奥武夫献上了蜂蜜。贝奥武夫接过装满蜂蜜的杯子,告诉薇尔皙欧说,他将会除掉哥伦多,否则,他情愿在希奥罗特被怪兽杀死。

　　贝奥武夫的宣誓感动了在场的丹麦人,荷罗斯加也向他承诺,如果他打败了哥伦多,就赐给他想要的一切。贝奥武夫则表示,神会决定这次战争的结局。

　　当晚,贝奥武夫和他的武士们就睡在了希奥罗特的大殿中,等待哥伦多的到来。夜幕降临,哥伦多和以前一样,偷偷进入了希奥罗特,寻找血肉之躯以充饥。哥伦多先扑倒了一个武士,当它正在吞食的时候,贝奥武夫在旁边谨慎地观察着。哥伦多吞食完自己的第一个猎物,又冲向了贝奥武夫,贝奥武夫趁势抓住了它的手臂,并将它狠狠地抢了起来,那力量大得使整个大殿都几乎崩塌。哥伦多死命挣脱了出去,把断臂留在了贝奥武夫的手中,仓皇逃回了自己的巢穴后断气身亡了。

　　贝奥武夫的胜利令丹麦人欢欣鼓舞。他们把哥伦多的断臂钉在了宫殿的墙壁上,作为胜利的明证。他们歌颂着这个伟大的英雄,关于他的英勇事迹在人们的口中吟唱。荷罗斯加向贝奥武夫承诺,他将拥有永远也用不完的财富,并慷慨地赐予了其他武士们无数的珍宝。

庆祝贝奥武夫胜利的晚宴一直在举行。夜晚,哥伦多的母亲潜入了宫殿,想要为自己的儿子复仇。放松警惕的武士们没能及时应战,让哥伦多的母亲抓走了荷罗斯加的一位参事。为了救回这位参事,贝奥武夫说动了荷罗斯加和他一起前往怪物的巢穴。

在这阴暗恐怖的荒原上,他们找到了怪物的巢穴,那是一片巨大的湖泊,哥伦多的母亲正躲藏在湖泊之下。贝奥武夫穿上他的盔甲,佩上宝剑,跳入了湖中。然而,哥伦多的母亲正在湖底等着攻击他,贝奥武夫发现自己的宝剑根本无法伤到这女妖,于是他丢开宝剑,与女妖扭打在了一起。战斗中,他在女妖的巢穴中发现了一把带有魔法的上古之剑,靠着这把宝剑,他顺利砍下了女妖的头颅。在湖边,荷罗斯加已经等待了贝奥武夫太长的时间,正感到绝望的时候,贝奥武夫却意外地带着战利品浮出了水面。

战斗英雄回到了希奥罗特,人们为他举行了更加盛大的庆典。荷罗斯加赐给了贝奥武夫更多的珍宝,并宣誓他们将是永远的同盟。英雄们带着丹麦人的赞歌回到了家乡,并获得了自己国王的嘉奖,国王将一半的王国赐给了贝奥武夫,让他成为耶阿特的君主。

贝奥武夫贤明地统治着这个国家。第五十年时,一个奴隶无意中发现了一处被喷火巨龙看守的宝藏,他从中偷走了一个杯子,献给了自己的主人。巨龙从沉睡中醒来,发现自己的宝藏被人盗走,它大发雷霆,决定向所有耶阿特人报复,并毁掉了贝奥武夫的大殿。

贝奥武夫决定征服这头暴虐的巨兽。他制作了一面坚硬的盾牌,带领着自己的武士们向巨龙的巢穴进发。在巨龙的山洞里,他们直面巨龙火焰的灼烧,他的盾牌保护了他不受火焰伤害,但其他武士因为害怕逃走了,只有一位叫作威格拉夫的勇士留了下来,跟随贝奥武夫继续战斗。

依靠着天生的神力和无与伦比的勇气,贝奥武夫终于砍下了巨龙的头颅。然而,巨龙的尖牙也刺穿了他的脖子,致命的毒液流入他的体内,结束了他波澜壮阔的一生。临死之前,他将自己的盔甲、宝剑和盾牌都赐给了威格拉夫,命令他继承自己的王国。

威格拉夫继承了贝奥武夫的王位,将他隆重安葬,并将巨龙的宝藏安放在了他的陵墓当中,以纪念这位伟大的英雄。

《贝奥武夫》是英国盎格鲁-撒克逊时期最古老、最长的一部文学作品,也是欧洲文学中三大英雄史诗之一。

人民饱受折磨，渴望解放，英雄横空出世，凭借超凡的自信和傲人的雄心，率领勇士们打败了可怕的恶魔，带给人民勇气和力量，这是英雄故事的典型套路。故事不怕老套，重要的是，它能够传承人们最渴望的传统价值观：力量、勇气、正义和忠诚，英雄拯救人民，也凭借勇敢达到自我完善，让自己成为命运的主宰。这也是英雄故事带给我们的启示。

《贝奥武夫》第一页。

克莉奥的书卷

——来自历史的典故

达摩克利斯之剑
（The Sword of Damocles）
——时刻存在的危险

　　西西里最富庶的城市——叙拉古地处地中海、意大利和北非的交通要道上，是西西里岛最重要的贸易中心。天然的地理优势使得来往的船队都聚集到叙拉古来，这里聚集了意大利最珍贵的珠宝、最丰盛的物产、最美丽的女人，是人人向往的天堂之都。国王狄奥尼西奥斯也拥有着当时世界上最美丽的宫殿。华丽的宫殿里装饰着各式各样繁复的雕刻，丝绒的窗帘垂下，丝绸的餐巾上有着精美的刺绣。美丽的侍女来往穿梭，为客人献上精美的食物；侍卫佩着光亮得能照出人脸的宝剑，随侍两侧。宫殿里藏着各种价值连城的宝物，大部分都是普通人一生都无法见到的奇珍。

　　这天，狄奥尼西奥斯照常在宫殿里大宴宾客，丰盛的佳肴，醉人的美酒，动人的乐曲，令所有人都如痴如醉。国王的好友达摩克利斯看着眼前这一切，艳羡地对国王感叹道："拥有人们想要的一切东西，你是多么幸运的人啊！你一定是这个世界上最幸福的人。"国王听到这样的话，淡淡地对达摩克利斯说："你真的觉得国王就是世界上最幸福的人吗？我想如果我说不是你也不会相信的，那么我们换换位置，等你坐到我的位置上时，就知道我是不是最幸福的了。"

　　受宠若惊的达摩克利斯接受了国王的建议。他穿上厚厚的王袍，戴上黄金的王冠，坐到了国王那宽大的、高高在上的王座上。达摩克利斯从高处俯视着宴会里的人群，他们都渺小了起来，显得那么谦恭和卑微，令他不由自主地内心膨胀。达摩克利斯骄傲地左顾右盼，四处打量，忽然，他发现天花板上垂下了一把锋利的宝剑，宝剑仅用细细的马鬃系住，锋利的剑尖正对着他的头顶。达摩克利斯大惊失色，脸色苍白地离开王座，身体不住地发抖。

　　狄奥尼西奥斯看着这个还在惊吓中没有回过神来的朋友，平静地说："怎么了朋友？你如此害怕那把随时可能掉下来的剑吗？但你知道吗？我每天都要面对它，它一直高悬在我的头顶，说不定什么时候就会有人斩断那细细的线，让它刺向我。"国王顿了顿，又说，"或许哪个大臣垂涎我的王位，想要杀死我；或许邻国的国王想要占领西西里,派兵前来攻打;或许百姓们因为我一次失误的决策,对我失望,起来反抗我。你看到了一个统治者所享受的东西,却没看到身为一个国王所要承担的义务和风险,权力背后,有无数锋利的宝剑指向你。"

听到国王的话,达摩克利斯停止了颤抖,他向国王深深鞠了一躬,发自肺腑地说:"是的,我的国王,我知道了,除了财富和权力之外,您还有很多的忧虑,您的头顶,始终悬着那看不见的宝剑。现在请您回到您的宝座上去吧!我也该回我自己的家去了。"

从此以后,达摩克利斯再也不羡慕国王的生活了,他知道,国王的头上,始终悬挂着一把"达摩克利斯之剑"呢!

达摩克利斯之剑(The Sword of Damocles)是高悬在达摩克利斯头上,一把仅仅用马鬃系住的宝剑,它让人的处境岌岌可危,难以安然享受荣华富贵。不过,并不只有达摩克利斯头上才有这时刻的威胁,多少人面临危险的境地而不自知呢!所谓"盲人骑瞎马,夜临深渊边",稍有差池,就可能陷入毁灭的境地。

所以,西方人用达摩克利斯之剑来警示后人,切勿安于享乐。当你沉溺安乐之时,也恰是最危险的时候。不忘记身边的危险与陷阱,保持警惕,方能避免达摩克利斯之剑落下。

达摩克利斯之剑。

柏拉图式爱情
（Platonic Love）
——精神恋爱

　　柏拉图是古希腊哲学家苏格拉底的学生，师生二人经常在一起讨论各类哲学问题。

　　有一天，柏拉图忽然问他的老师，到底什么是爱情？

西方哲学的奠基者——苏格拉底。

　　苏格拉底没有直接回答他，而是叫他到麦田里去，挑选一棵最大最好的麦穗，但是他只能摘一次，而且寻找的时候不能回头。柏拉图觉得，这事非常简单，立刻答应下来，充满信心地出去了。可是，半日之后，柏拉图垂头丧气地回来了，他向老师解释空手而回的原因："每次我看见一棵很好的麦穗，想要摘它的时候，就会怀疑它是不是田里最大最好的那棵，于是只好放弃，继续向前走，看会不会有更好的。就这样，我走到了麦田的尽头，却一棵麦穗也没摘，我又不能回头去摘，只好空着手回来了。"

　　听到他的话，苏格拉底笑了，他告诉柏拉图说："这就是爱情！"

　　柏拉图又问老师："那什么是婚姻呢？"苏格拉底还是没有回答，又叫他去松树林，选一棵最挺拔最翠绿的树，和上次一样，他只有一次机会，并且不可以走回头路。柏拉图吸取了上次的教训，并没有挑三拣四，而是尽快挑选了一棵看上去挺拔苍翠的松树，就回来了。

　　见到他取回的树，苏格拉底问道："这是松树林里最挺拔最苍翠的树吗？"柏拉图老实回答道："我害怕和上次一样，浪费了最好的机会，所以看见一棵很不错的松树，加上时间、体力都不够用了，也就不管是不是最好的，就拿回来了。"听到这些话，苏格拉底告诉他："这就是婚姻！"

　　有一天，柏拉图又问他的老师："什么是外遇？"苏格拉底还是叫柏拉图去树林里走一次，取回一朵最美丽的花，但这次，他可以走回头路寻找。听到老师的要求，柏拉图信心百倍地去了，他相信，由于这次可以回头寻找，他一定能找到最美的花朵。

几个小时之后，柏拉图回来了，还带回了一朵颜色艳丽但稍微有些萎靡的花。苏格拉底问他："这就是最好的花吗？"柏拉图回答老师："我找了几个小时，发觉这是盛开得最美丽的花，但当我采下它带回来时，在路上它就逐渐枯萎了。"苏格拉底告诉他："这就是外遇！"

身为希腊三圣和最著名的西方哲学家之一，柏拉图对后世的影响是巨大的。他著名的学说之一，就是精神恋爱学说。

柏拉图认为，最高境界的爱是没有肉体关系的，肉体的结合是不纯洁的、是肮脏的，爱情和情欲是互相对立的两种状态。因此，当一个人确实在爱着的时候，他完全不可能想到要在肉体上和他所爱的对象结合。"当心灵摒绝肉体而向往着真理的时候，这时才是最好的。而当灵魂被肉体的罪恶所感染时，人们追求真理的愿望就不会得到满足。当人类没有对肉欲的强烈需求时，心境是平和的，肉欲是人性中兽性的表现，是每个生物体的本性，人之所以是所谓的高等动物，是因为人的本性中，人性强于兽性，精神交流是美好的、是道德的。"

柏拉图式爱情，指的就是只追求心灵上的契合，排斥所有肉体的关系，纯粹精神上的爱情。

在图中，柏拉图的手指向天，象征他认为美德来自智慧的"形式"世界。而亚里士多德则手指向地，象征他认为知识是透过经验观察而获得的。

希波克拉底誓言
(The Hippocratic Oath)
——奉献

"医神阿波罗、埃斯克雷波斯及天地诸神作证,我——希波克拉底发誓:我愿以自身判断力所及,遵守这一誓约。凡教我医术的人,我应像尊敬自己的父母一样,尊敬他。作为终生尊重的对象及朋友,授给我医术的恩师一旦发生危急情况,我一定接济他。把恩师的儿女当成我希波克拉底的兄弟姐妹;如果恩师的儿女愿意从医,我一定无条件地传授,更不会收取任何费用。对于我所拥有的医术,无论是能以口头表达的还是可书写的,都要传授给我的儿女,传授给恩师的儿女和发誓遵守本誓言的学生,除此三种情况外,不再传给别人。

"我愿在我的判断力所及的范围内,尽我的能力,遵守为病人谋利益的道德原则,并杜绝一切堕落及害人的行为。我不得将有害的药品给予他人,也不指导他人服用有害药品,更不答应他人使用有害药物的请求。尤其不施行给妇女堕胎的手术。我志愿以纯洁与神圣的精神终身行医。因我没有治疗结石病的专长,不宜承担此项手术,有需要治疗的,我就将他介绍给治疗结石的专家。

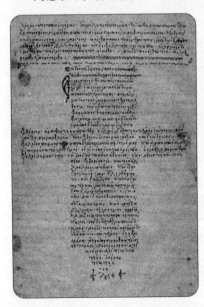

希波克拉底誓言,此为十二世纪拜占庭手抄本。

"无论到了什么地方,也无论需诊治的病人是男是女,是自由民是奴婢,对他们我一视同仁,为他们谋幸福是我唯一的目的。我要检点自己的行为举止,不做各种害人的劣行,尤其不做诱奸女病人或病人眷属的缺德事。在治病过程中,凡我所见所闻,不论与行医业务有否直接关系,凡我认为要保密的事项坚决不予泄漏。

"我遵守以上誓言,请求医神阿波罗、埃斯

克雷波斯及天地诸神赐给我生命与医术上的无上光荣;若我违背了自己的誓言,请求天地诸神给我最严厉的惩罚!"

这是著名的希波克拉底誓言,所有的医护从业者都在心中铭记的职业道德规范。而这段话,来自古希腊著名的医生,被尊为医学之父的希波克拉底。

希波克拉底从小就跟着父亲行医。在当时的古希腊,医学往往受到迷信的禁锢,人们更相信巫师们用咒语和巫术来治病,而不肯求助于医生,许多人都因此被耽误病情而死去。

为了改变人们的偏见,希波克拉底提出了体液学说。他认为复杂的人体是由血液、黏液、黄胆、黑胆这四种体液组成的,每个人体内四种体液的含量比例不一样,形成了人的不同气质:性情急躁、动作迅猛的胆汁质;性情活跃、动作灵敏的多血质;性情沉静、动作迟缓的黏液质;性情脆弱、动作迟钝的抑郁质。

希波克拉底认为,人之所以会生病,是因为四种体液不平衡。而造成体液不平衡的原因,则与这个城市的方向、土壤、气候、风向、水源、饮食习惯、生活方式等密切相关。

从今天来看,希波克拉底的很多医学观念并不正确,但在那个久远的年代,他一直在追求先进正确的医学治疗方法。他以科学的态度去对待所有的病人,他违背禁令偷偷解剖尸体,为的是准确地了解人体结构,有效地施行救治。他毫不留情地揭露巫术治病的愚昧,甚至不惜与当时地位尊贵的巫师们敌对。

最难能可贵的是,希波克拉底是真正的白衣天使。他全心全意地以治疗病人

拒绝波斯国王馈赠的希波克拉底。

为己任,不推卸责任,不收受贿赂,不行有害之事,不泄露病人的隐私。他以自己的行为和誓言,证明着医护工作者的高尚。

作为医学之父,希波克拉底给现代医学留下的医学知识可能已经不算什么了,但他留下的誓言,却是每个真正以治病救人为情怀的医护工作者所坚守的信念。他不顾自身安危、治病救人的高尚情操,才是真正为人所颂扬的。这种无私的奉献精神不仅是医生所应该具备的,更是每一份职业都应当拥有的。

到了今天,希波克拉底誓言已经成为一面旗帜,它被延伸到其他行业,代表着一份责任感和道德感,它是每一行业的人们奉献自我价值、服务社会、服务大众的理想情怀。

第十位缪斯
（The Tenth Muse）
——萨福

萨福，西方历史上的第一位女诗人，后世对她充满了好奇。人们发挥了无穷的想象力，为这位古希腊的女诗人，加上了各式各样丰富多彩的故事，为她演绎了精彩的一生。

萨福出生于公元前7世纪古希腊莱斯沃斯岛的一个贵族家庭，她拥有倾城的美貌，据说有一次法官要判她死刑，由于民众支持这位美貌的女子，最终法官迫于压力释放了她，萨福重新获得了自由。

当时的莱斯沃斯岛是希腊文化艺术的中心，女性的地位也非常高，可以像男人一样接受教育，加上优渥的家庭环境，萨福得以选择自己最爱的文学和艺术进行学习。后来，她的家庭被卷入了政治斗争，她遭到当地僭主的迫害，被迫逃亡到西西里岛。在西西里岛，她嫁给了当地的一位贵族，还生了一个名叫克勒斯的女儿。不过，她的丈夫后来过世了，留给她大笔的财富，让她过着富足平静的生活。在这段日子里，她创作了许多优秀的诗歌，她的才华与她的美貌一起，声名远播，使她成为当时最知名的女诗人。

因为萨福的名声大振，她被允许返回故乡。在那里，她开设了一所女子学校，专门教授女孩子们写作诗歌。许多的年轻女子慕名而来，在她的门下学习。她非常喜爱这些纯真美丽的少女们，为她们创作了无数动人的诗篇："没有我们的歌吟，大地一片沉寂，没有我们的爱情，树林永远迎不来春天。"当雅典的统治者梭伦听到这一首《为何她音讯全无》时，都忍不住发出了"只要我能学会这一首，那么死也无憾了"的赞叹！

萨福雕像。

萨福在莱斯沃斯岛上度过了幸福安详的时光。传说中，她后来爱上了一名叫作法翁的男子，但法翁并未回应她的感情，因为爱情无望，她跳下悬崖而亡。不过，这种说法更近乎传说，而非事实。

　　萨福的诗歌，沉稳抒情、韵律优美、音节单纯，很适合供人咏唱，开创了"萨福体"形式。此外，她是第一个用第一人称来抒发个人哀乐的诗人，她的创作将古希腊的抒情诗推进到一个新高度，对后世影响深远。因为在诗歌上的贡献，柏拉图将她称为"第十位缪斯"。

　　萨福创作的诗歌虽多，但留下来的只有一些残篇断卷，再加上她的故事流传下来的不多，人们便依照自己对她的幻想，为她增添了许多美丽的传说。在这些美丽的故事与动人的诗篇装饰下，萨福已经成了一个符号与象征，是人们心目中的缪斯女神，代表着美与艺术。

达蒙与皮西厄斯
（Damon and Pythias）
——生死之交

公元前4世纪，意大利西西里城邦的锡拉库扎港口有一对好友，叫作达蒙与皮西厄斯。他们从小一起长大，彼此信任，情同手足。

达蒙与皮西厄斯都是哲学家毕达哥拉斯的信徒，崇尚自由和民主。皮西厄斯是个著名的演说家，经常对民众发表演说，主张没有任何凌驾于他人之上的权力可以不受限制，独裁者是非正义的君主。后来，他的言论传到了当时锡拉库扎的统治者狄奥尼西奥斯耳中，狄奥尼西奥斯非常生气，召来了皮西厄斯和他的朋友。

"你以为你是谁，竟在人民中散布别有用心的言论？"他问。

"我只传播真理，"皮西厄斯回答说，"这没什么过错。"

"这种说法是叛国，"狄奥尼西奥斯呵斥道，"你们阴谋推翻我。收回你的话，否则我将会处死你。"

"我不会收回我的话，这是我的自由。"皮西厄斯回答说。

"那好，你将会被处死。在你死之前，我可以答应你一个最后的要求，你有什么要求吗？"

"有。请让我回家与妻儿做最后的道别。"

"如果放了你，我怎么能相信你会回来呢？"狄奥尼西奥斯问。

这时，静静地站在朋友身边的达蒙走上前来。

"我做他的保人，"他说，"把我留在锡拉库扎作为你的囚犯，直到皮西厄斯回来。如果皮西厄斯不回锡拉库扎，我就替他受死。"

狄奥尼西奥斯答应了他们的请求。可是，直到处决的那天，皮西厄斯仍然没有消息。

处决的日子到了。达蒙被人从牢房押出，带到了狄奥尼西奥斯面前。狄奥尼西奥斯幸灾乐祸地看着他："你的朋友好像还没露面，"他笑道，"现在，你对他有什么看法？"

"我相信他一定是遭遇了什么意外才无法及时赶回。"达蒙冷静而自信。

狄奥尼西奥斯想要说什么，但还没等他开口，门被推开了，皮西厄斯摇摇晃晃地走了进来。他脸色苍白，伤痕累累，疲乏得几乎说不出话来。

　　他一下扑到朋友的怀里。

　　"还好你安然无恙，感谢神灵。"他喘着气说，"命运似乎在和我们作对。我的船在风暴中沉没了，路上又遇到了土匪。还好我及时赶回来了。谢谢你，朋友，现在，该我自己来承受这命运了。"狄奥尼西奥斯惊愕地听着他的话，他的心似乎被什么东西触动了，这种忠贞的友谊有着他所无法抗拒的力量。

　　"判决取消了，"狄奥尼西奥斯宣布，"我从不相信会有这样忠诚的友谊，可是你们让我看清了我是多么浅薄。我还你们自由，但你们也必须为我做一件重要的事。"

　　"你指的是什么事？"这两位朋友问。

　　"教我如何才能拥有这种珍贵的友谊。"

　　达蒙与皮西厄斯的故事向我们展现了真正的友谊，可以以性命相托的信任，可以代替对方牺牲的勇气，没有犹豫，没有恐惧，有的只是全心全意的信任。达蒙可以信任皮西厄斯情愿回来赴死也绝不会抛下自己，皮西厄斯会为了挽救达蒙的生命历经千辛万苦赶回。更重要的是，他们对彼此的信任从未有丝毫的动摇。

　　达蒙与皮西厄斯的友情打动了统治者狄奥尼西奥斯，也打动了更多的后人，人们已经将达蒙与皮西厄斯视为忠实友情的典范，成为生死之交的代名词。

波皮利乌斯圈子
（The Circle of Popilius）
——约束

公元前 3 世纪到公元前 2 世纪之间，塞琉古帝国与托勒密王朝为争夺通往埃及的要道——柯里叙利亚地区，先后发动了六次战争。

公元前 170 年，托勒密王朝的两位摄政王向塞琉古国王安条克四世宣战，第六次叙利亚战争爆发。然而，这场战争却被安条克四世迅速占据上风，失败的埃及人意识到他们发动战争的愚蠢，罢免了两位摄政王，另外选了两位新的摄政王，并派遣使者与安条克四世商议和解。借着埃及人的示弱求和，安条克四世借机将托勒密六世，也就是他的侄儿，置于了自己的监护之下，实际上控制了埃及。

可是，亚历山大港的人不能接受安条克四世在背后统治埃及，他们将托勒密六世的弟弟推上了王位，这就是托勒密八世。安条克四世非常愤怒，他派兵围攻亚历山大港，要求托勒密八世向自己投降。就在这时，塞琉古帝国的犹太行省却又发生了叛乱，为了稳定自己国内的局势，安条克四世不得不撤兵回国，优先平息自己国内的动乱。

在他离开之后，托勒密六世和他的弟弟达成和解，重归于好，再次统治了埃及全国，安条克四世失去了对埃及的控制，令他大为愤怒。公元前 168 年，安条克四世再次派兵入侵埃及，他顺利攻下了塞浦路斯及孟斐斯，并一路向亚历山大港进发。

无力抵抗的埃及人别无他法，只好派人去罗马寻求帮助。罗马元老院答应了埃及人的请求，他们派出了执政官盖乌斯·波皮利乌斯·拉埃纳斯，要求他劝阻安条克四世的进攻。

波皮利乌斯在亚历山大城外找到了安条克四世，给了他罗马元老院写来的信件，要求他撤兵，离开埃及。

安条克四世不愿意放弃即将到手的城池，又不敢得罪强大的罗马，于是敷衍波皮利乌斯说，自己要与顾问商量一下，再给波皮利乌斯答复。

波皮利乌斯知道安条克四世是想拖延时间，于是，他干脆拿起手杖，围着安条克四世的座位画了一个圆圈,并告诉安条克四世说,在他没有答复罗马元老院之前,不能走出这个圈子。

安条克四世大感屈辱,但他又不敢得罪罗马元老院,只能垂头丧气地答应了波皮利乌斯的要求,从埃及和塞浦路斯撤退回国了。

就这样,罗马人挽救了濒临灭绝的托勒密王国,第六次叙利亚战争至此终结。

由于这个故事,西方人发明了一个新的词汇"波皮利乌斯圈子"(The Circle of Popilius),用来比喻因受某种约束而不能逾越的范围。

波皮利乌斯圈子这个典故,如果用中国成语来解释,也有一个非常恰当的词:画地为牢。在西周时期,人们性格质朴,当时若有人犯法,执法官就会在地上画一个圈,让犯人站在圈子中,不可离开,就相当于服刑了。尽管没有任何的约束,也无人看管,犯法的人们都会自觉地站在圈子里服刑,绝不会私自逃走,因此,也就产生了画地为牢这个成语。

将画地为牢与波皮利乌斯圈子做个对比,你有没有发现,东、西方的许多典故,都有着神奇而有趣的相似之处呢?

玫瑰战争
(War of the Roses)
——王权之争

在莎士比亚的戏剧《亨利六世》中，亨利王这样感叹道："唉，慈悲的天主，可怜可怜吧！这人的脸上有两朵玫瑰花，一红一白，这正是我们争吵的两大家族引起许多灾祸的标记。红玫瑰好比是他流出的紫血，白玫瑰好比他苍白的腮帮。叫一朵玫瑰枯萎，让另一朵旺盛吧！倘若你们再争斗下去，千千万万的人都活不成了。"

这里的红玫瑰与白玫瑰，可不是张爱玲笔下的朱砂痣与白月光，而是英格兰金雀花王朝爱德华三世的两支后裔，兰开斯特家族和约克家族的象征。兰开斯特家族的家徽是红玫瑰，约克家族的家徽为白玫瑰，因此，支持两方的人都会在自己的胸口佩戴上相应颜色的玫瑰，以表示自己效忠的对象。

当时的英格兰王亨利六世来自兰开斯特家族，但他软弱无能，还有着遗传性的精神疾病，在他的统治下，朝廷腐败，民众怨声载道，越来越多的人认为，兰开斯特家族根本无法治理这个国家，应该将它还给原本就更有继承权的约克家族。而同时，亨利六世和他的妻子法国公主安茹的玛格丽特，结婚七年都未能诞下继承人，因为久久没有子嗣，亨利被迫将约克公爵理查德·金雀花立为储君，并封为护国公。

然而，局面在 1453 年发生了改变。在结婚后的第八年，玛格丽特生下了一个男孩，这让约克公爵的继承权变得岌岌可危，而原本就非常排斥约克公爵的玛格丽特，为了捍卫亲子的继承权，决意向约克公爵宣战。兰开斯特家族以约克公爵叛国的罪名

贵族选择红、白玫瑰。

昭告天下，正式掀起了战争。

红玫瑰与白玫瑰开始了惨烈的自相残杀。兰开斯特家族在一次战斗中捕获了约克公爵，并将他的头颅高悬于城门之上示众。约克公爵理查德的儿子爱德华发誓为父报仇，他击溃了兰开斯特家族的军队，手刃了玛格丽特的独子，在威斯敏斯特大教堂非正式登基，加冕成为爱德华四世。

玫瑰战争。

不过，爱德华四世的统治并不长久，他在 1483 年过世，只留下两个年幼的孩子。面对着兰开斯特家族的蠢蠢欲动，以及约克家族内部权臣的狼子野心，两个幼小的孩子很快成了权力的牺牲品，他们被送入伦敦塔中"安居"，再也没能出来。

群龙无首的局面，让红玫瑰与白玫瑰，再次开始了无休止的争斗。直到 1486 年，兰开斯特家族的亨利七世与约克家族的伊丽莎白联姻，这场玫瑰之间的战争才算真正落下帷幕，而英格兰金雀花王朝的统治也宣告结束，英国历史正式走入了都铎王朝的时代。

为了纪念这场战争，英格兰以玫瑰为国花，都铎王朝也将皇室徽章改为红白玫瑰。

这场玫瑰战争是否让你觉得非常熟悉？是的，这几年最红的奇幻剧《权力的游戏》，其中的基本架构借鉴的正是这场历史上著名的权力之争。

兰尼斯特家族的瑟曦与兰开斯特家族的玛格丽特同样为了自己深爱的幼子拉开了屠杀的大幕，约克公爵与临冬城莱德公爵一样头颅被高悬于城门，同样两个幼小的孩子。所有的人物都能从历史的巨卷中窥到一丝影子，马丁笔下的阴谋、权欲、谋杀与救赎，都来自他对历史条分缕析的梳理与再创造。

现在，当世人提到王权之争时，都难免要提到这场玫瑰战争。这场西方历史上最著名的战争，开启了都铎王朝的兴盛，哺育了无数惊才绝艳的文艺作品，也成了王权之争的象征。

上帝折鞭处
（Breaking God's Flail）
——挫败

十三世纪初，蒙古骑兵横空出世，在成吉思汗及其子孙的带领下，横扫欧亚大陆，所向披靡，先后征服了包括今天俄罗斯、伊朗、伊拉克、叙利亚、阿富汗、波兰等在内的四十多个国家、七百多个民族。在蒙古铁骑的驱使下，日耳曼等原来栖居在中亚东欧地区的民族被迫西迁，从而引发欧洲大陆格局的重新洗牌。蒙古铁骑的无敌战绩令欧洲人完全无法抵抗，他们觉得这是上帝的意志——是上帝的皮鞭，来惩罚人类无法洗清的罪恶，于是，他们把成吉思汗和他的子孙称为"上帝之鞭"（Scourge of God）。

1251年，蒙哥登上大汗宝座，稳固了蒙古政局之后，他派自己的弟弟旭烈兀发动了第三次西征，灭掉了阿拉伯人建立的阿拔斯王朝，而自己则亲率大军，发动了大规模的灭宋战争。

此时的南宋，已经到了岌岌可危的边缘。中原地区尽皆沦陷，只有四川，借蜀中地利，北有秦岭屏障，东有三峡天险，控扼长江，退可凭险拒守，进可席卷东南，成为蒙哥最后的心病。

1258年秋，蒙哥率军数十万进攻四川，相继占据剑门苦竹隘、长宁山城等地，最后打到了合川钓鱼城脚下。

钓鱼城四周皆为峭壁，钓鱼城整个以一字城墙修建围绕，城墙可阻挡敌军的进攻，同时城内守军又可透过外城墙形成夹角交叉攻击，而山顶平阔，有田土可耕，水源充足，后方补给充分，易守难攻。

蒙古军队一次又一次地对钓鱼城展开了

通往钓鱼城的小路。

进攻，却也一次又一次被宋军打败。面对坚固的天险，素以作战灵活、凶猛剽悍著称的蒙古骑兵，难以发挥其优势，久久不能建功。尽管蒙古军队中也有人建议暂时放弃钓鱼城，而将主力部队沿长江水陆东下行军，与忽必烈等会师，一举灭掉南宋，再回头慢慢收拾钓鱼城，但少有的挫折让骄横自负的蒙哥觉得颜面尽失，立誓要拿下钓鱼城。

　　然而，重庆酷热潮湿的天气令北下的蒙古军队十分不适应，因为水土不服，军中暑热、疟疾、霍乱等疾病大肆流行，加上围城之战的伤亡，蒙古军队损失惨重。到了六月，蒙古大汗蒙哥因为受伤，卧病在床，使得蒙古军队不得不从钓鱼城撤退。七月，蒙哥更是一病不起，逝世于重庆。至此，钓鱼城依然屹立不倒，未曾被蒙古铁骑践踏。

　　得知蒙哥的死讯，带兵西征的蒙哥之弟旭烈兀，率领大军东还，只留下少量军队继续征战，最后因为寡不敌众被埃及军队打败。原本攻占了伊朗、伊拉克及叙利亚等阿拉伯半岛，打算继续向非洲开进的计划，也因此告吹。蒙哥的死更引发了蒙古政权的动荡，使得蒙古人再也无法组织起第三次大规模的西征。差点沦陷在蒙古铁蹄下的西欧，也为此得以幸免于难。

旭烈兀的军队进攻巴格达。

　　公元 1263 年，南宋王朝正式投降，两个小皇帝流亡广东。公元 1278 年，重庆城沦陷，钓鱼城成了最后的孤岛。接着，钓鱼城连续两年大旱，城中粮食耗尽，守将王立不忍城中军民饿死，不得已向元军投降，以"不杀城内一人"为条件，打开了已坚守三十六年的钓鱼城城门。这场坚持了长达三十六年的防守战，至此才拉下了帷幕，成为中外战争史上一个奇迹般的存在。

　　而钓鱼城保卫战的一个重大意义就是，它改写了欧洲的历史，将欧洲人从蒙古铁骑的威胁中解救了出来。因为钓鱼城的巨大意义，西方人送给了它一个特殊的名字："东方麦加城，上帝折鞭处。"

　　因为成吉思汗和他的子孙被西方人称为"上帝之鞭"（Scourge of God），所以成吉思汗子孙遭受失败的地方，即钓鱼城，被西方人生动地称为"上帝折鞭处"（Breaking God's Flail）。

遭遇滑铁卢
(To Meet Waterloo)
——失败

"滑铁卢战争是个谜。它对胜者和败者都一样是不明不白的。对拿破仑,它是恐怖,布吕歇尔只看见炮火,威灵顿完全莫名其妙。看那些报告吧!公报是漫无头绪的,评论是不得要领的。这部分人期期,那部分人艾艾。若米尼把滑铁卢战事分成四个阶段;米夫林又把它截成三个转变;唯有夏拉,虽然在某几个论点上与我们的见解不一致,但他却独具慧眼,是抓住那位人杰和天意接触时产生的惨局中各个特殊环节的人。其他的历史学家都有些目眩神迷,也就不免在眩惑中摸索。那确实是一个风驰电掣的日子,好战的专制政体的崩溃震动了所有的王国,各国君王都为之大惊失色,强权覆灭,黩武主义败退。"

滑铁卢战争,这场欧洲史上著名的战役发生于 1815 年 6 月 18 日。拿破仑领导下的法国军队和英国人威灵顿公爵统帅的欧洲联军,在比利时的小镇滑铁卢,展开了一场激烈的大决战。十四万的士兵加入了这场战争,而足足有六万的士兵丧生于此,可见这场战争之惨烈。

滑铁卢战役。

实际上，这场惊心动魄的战争并未持续太久，它在短短的一天内就结束，仅仅持续了十二个小时。更令人意外的是，常胜将军、战争奇才拿破仑，却败在了一个不知名的二流将军威灵顿公爵手下。

出生于科西嘉岛的拿破仑，是个令敌人闻风丧胆的战争天才，维克多·雨果说他"凭灵感，用奇兵，有超人的本能，料事目光如炬，有一种说不出的如同鹰视雷击般的能力，才气纵横，敏捷，自负，心曲深沉，鬼神莫测，狎玩命运，川泽、原野、山林似乎都想去操纵，迫使服从"，可见其天纵之英才。

拿破仑在法国大革命后的镇压保王党战役中开始崭露头角，后来更是多次击退反法同盟的进攻，以以少胜多的显赫战绩，成为法兰西第一共和国执政官。此后，拿破仑野心膨胀，试图吞并整个欧洲，却遭遇了欧洲其他各国的强力反抗。终于，他在滑铁卢遭到了致命的惨败。

据说，拿破仑的失败是源于糟糕透顶的天气。"在那不测之事中，显然有上天干预的痕迹，人力是微不足道的。"大战的前一天突降大雨，整个滑铁卢田野变成一片泥沼，拿破仑的主力作战部队火炮队陷入了泥沼，迟迟无法进入阵地作战，导致了他最终的失败。而在滑铁卢战役中击败他的威灵顿公爵，也曾经是他的手下败将，当年拿破仑初露峥嵘，在意大利与威灵顿公爵相遇，将他打得落花流水，成为一时笑柄。谁承想，风水轮流转，当年意气风发的少年，在二十年之后，却败在了自己的手下败将手中。

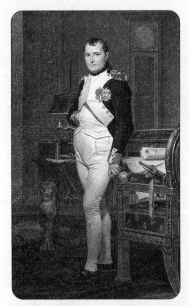
拿破仑在杜伊勒里宫书房。

"失败反而把失败者变得更崇高了，倒了的拿破仑·波拿巴仿佛比立着的拿破仑·波拿巴更为高大。"雨果说，这次滑铁卢战争，是一场庸人的胜利。但遑论失败的姿态是否好看，这场战争却真真切切地将拿破仑陷入了绝境，结束了他的军事生涯和政治生命，也改变了欧洲的历史进程。这场战争过后，拿破仑被逼退位，被流放到圣赫勒拿岛，六年之后，他孤单地在岛上过世。滑铁卢，成为他生命中最致命的一场失败。

因为这场战争，"滑铁卢"这三个字就不再是一个简单的地名了，它已经成了失败的代名词。当人们说"遭遇滑铁卢（To Meet Waterloo）"的时候，指的可不是去到比利时的滑铁卢镇，而是遭受了失败、挫折。

滑铁卢之战是拿破仑政治生涯的转折点,这场失败令他从最高峰跌落谷底,再也无法翻身。

从此之后,"遭遇滑铁卢"也就引申为一个人失败的地方或是让一个人失败的一件事情,它在日常生活中被广泛使用,比如说某某在这次比赛中遭遇滑铁卢、某只股票遭遇滑铁卢等,是西方最常用的俗语之一。

山姆大叔
（Uncle Sam）
——美国

很多人都知道，美国有个绰号叫作"山姆大叔"，但是你知道为什么要叫这个名字吗？这个名字的由来，还得追溯到1812年第二次英美战争期间。

美国独立战争之后，美英两国的争端并未结束，英国一直试图夺回这曾经属于自己的殖民地，而美国也想将领土扩大到当时还被英国占据的西部和加拿大。1812年6月18日，美国对英宣战，第二次英美战争正式爆发。

当时，纽约州的洛伊城有一位肉类加工商，名叫山缪尔·威尔逊。因为他诚实能干，认真负责，所以当地人都非常信任他，大家都亲切地称呼他为"山姆大叔"（山姆为山缪尔的昵称）。山姆大叔还是一位爱国者，他曾和父兄一起，参加过美国独立战争。第二次英美战争期间，山姆大叔的工厂与美国政府签订了一份为军队生产桶装牛肉的合约，向美国军队提供桶装牛肉。

号召美国人参军的山姆大叔宣传画。

在山姆大叔的工厂，经其检验合格的牛肉，就会被装入特制的木桶，并在桶上盖上 E. A. -U. S.（United States）的记号，然后送往美国军队那里。一天，纽约州长带领一些人前往山姆大叔的加工厂参观，正好在工厂里看到一些工人在往木桶上盖 E. A. -U. S. 的印戳。州长并不知道这是表示美国的缩写，便问工人，这个印章是什么意思。那个工人开玩笑地回答说："是山姆大叔（Uncle Sam）的意思。"

后来，这件趣事渐渐传开了，"山姆大叔"名声大振，人们开始把那些军需食品都称为"山姆大叔"送来的食物。英美战争之后，有人将一个早期的著名漫画人物"乔纳森大哥"改造成了"山姆大叔"，画入了政治漫画中。渐渐地，山姆大叔取代了乔纳森大哥,成了最受美国人欢迎的象征。

山姆大叔的形象越来越著名,越来越多的美国人开始将之视为自己国家的象征,并因其诚实可靠、吃苦耐劳以及爱国主义的精神而骄傲。

第一次世界大战中,就曾出现过"山姆大叔"号召美国青年当兵的宣传画,流传极广。1941年,一位美国漫画家特地画了一幅画,将"山姆大叔"画成一个长着白头发,蓄着山羊胡子,头戴星条高帽,身穿红、白、蓝三色燕尾服和条纹长裤(美国星条旗图案)的瘦弱高个子老人。从此之后,"山姆大叔"的形象基本上被固定了。

1961年9月15日,美国国会正式通过了一项决议,确认"山姆大叔"为美国的象征,而来自纽约州特洛伊的山缪尔·威尔逊,则被确认为"山姆大叔"的原型,从此在官方上承认了"山姆大叔"的形象。

现在,我们可以在很多地方看到山姆大叔的形象,甚至在美国漫画中,也有一位叫作山姆大叔的超级英雄。美国人对山姆大叔的热爱,可见一斑。

多米诺骨牌
（Domino）
——连锁反应

公元 1120 年，也就是宋徽宗宣和二年，中国民间出现了一种名叫"骨牌"的游戏。这种游戏的器具是一种长方形的牌具，多半用牙骨制成，所以骨牌也被称为"牙牌"。每副骨牌有三十二张，牌面上"九"字最大，所以民间也称之为"牌九"。此后，这种骨牌游戏在全国盛行，并流传下来，成为历代民众最喜爱的娱乐项目之一。

1841 年，正是清道光年间，无数的西方人来到中国，希望能在这片古老的大地上获得财富和珍宝。一位意大利传教士多米诺，也从遥远的故乡米兰来到了东方这个神秘的国度。古老中国的神秘和独特令他沉醉不已，他在中国定居下来，贪婪地吸收着有关中国的一切，而老百姓们日常生活中最喜爱的骨牌，也自然而然地落入了他的眼中。骨牌刻着不同的点数，可以组合变化出各种数目，这让多米诺好奇不已。于是，多米诺学习了骨牌的玩法，并收藏了不少精美的骨牌器具。

1849 年 8 月 16 日，在中国生活了八年之久的多米诺告别了中国，回到了故乡米兰。与他一同回国的，还有许多来自中国的礼物，其中有羽扇、鼻烟壶、丝绸，数不胜数，当然，还有一副象牙制成的三十二张牌的骨制产品——牌九。

多米诺将礼物分发给亲人，但他的小女儿不爱那些精美的丝绸制品，却一眼就看上了那套骨牌。多米诺将骨牌送给了小女儿，并教她游戏方法。小女儿将骨牌视若珍宝，每天都在手中把玩。女儿的男友阿伦德是个性格浮躁、毫无耐心的人，经常惹得女友生气。为了锻炼男友，小女儿想出了一个法子，她让阿伦德将所有的骨牌一张一张按照点数大小在规定时间内竖起来，不能倒下，如果不成功，阿伦德就一周不许参加舞会。

就在阿伦德耐着性子摆放骨牌的时候，多米诺无意中看到了他的行为，他觉得这样的方式好玩又特别，比起骨牌原本的玩法，相对简单，所有人都能轻易学会。为了让更多的人了解骨牌，多米诺便制作了大量的木制骨牌，并重新设计，发明了各种的玩法。因为他的推广，骨牌在意大利乃至整个欧洲迅速传播开来，成为最受欧洲人欢迎的游戏之一。

为了纪念多米诺传播骨牌的功劳,人们便将这种骨牌游戏命名为"多米诺",现在,多米诺已经成为知名度最高、参加人数最多、开展地域最广的体育运动。

多米诺骨牌最为人所知的玩法,就是将骨牌隔着适当的距离依次排列开来,当推倒第一个骨牌时,后面的骨牌将一个接着一个地依次倒下,速度越来越快。这种特殊的玩法,产生了一种特殊的现象,人们称之为:多米诺效应。

多米诺效应,指的是在一个相互联系的系统中,一个很小的初始能量就可能产生一系列的连锁反应,最终导致巨大的变化。有时候,一个很微小的改变,甚至可能无法被人察觉,最后却能引发翻天覆地的结果。所以,任何事情都应防微杜渐,避免大错误的发生。

查理曼大帝和十二圣骑士
（Charlemagne and Twelve Paladin）
——骑士精神

　　他是法兰克王国加洛林王朝的国王，神圣罗马帝国的奠基人，被尊为"欧洲之父"。他是扑克牌中红桃 K 上那个持剑的皇帝，他的三个儿子瓜分了他的王国，分别成了法国、德国和意大利的雏形。他就是查理曼大帝。

　　查理曼是法兰克国王丕平三世的儿子，在父亲去世后，法兰克王国被一分为二，他的哥哥卡洛曼继承了王国东部内陆，而他得到了王国西部沿海地区。但是，查理曼是个非常有雄心壮志的人，他并不赞成分封制，觉得这种方式会削弱一个国家的实力。于是，他决定迎娶伦巴第国王的女儿杰帕达，借此与伦巴第王国结盟，包围他哥哥的领土，进而统一法兰西。

查理曼大帝。

　　不过，没多久他哥哥就突然去世，他合法地接收了哥哥的领土，不费吹灰之力就统一了法兰克王国。现在，他原本为统一国家所促成的联姻，却成了他的负担。原本就没有感情基础，查理曼在继承了全王国之后，很快便和杰帕达离婚了。而这也让他和伦巴第王国从同盟变成了仇敌。伦巴第的国王先是收留了卡洛曼的妻儿老小，然后又在次年入侵和查理曼关系紧密的罗马教宗的领地。

　　但这一切对热衷于战争的查理曼大帝来说，并不是什么可怕的事情，他这一生，渴望的正是用战争扩大自己的领土，建立一个真正伟大的帝国。在罗马教宗的要求下，他很快便出兵意大利，用一年的时间吞并了伦巴第王国。

　　查理曼大帝的野心从这场战争开始继续蔓延。在拿下了伦巴第之后，他又很快征服了阿基坦地区、戈尔多瓦王国，并打败了阿瓦尔人和萨克森人，统治了今天的法国全境、瑞士、荷兰、比利时、奥地利全境,以及德国和意大利的大部分地区,成为当之无愧的欧洲之王。

而他最著名的战役,就是与戈尔多瓦王国的摩尔人的战争。这场战争不仅孕育了法国最有名的英雄史诗《罗兰之歌》,也衍生出了著名的十二圣骑士传说。

《罗兰之歌》讲述了这样一个故事:查理曼大帝与他的骑士们都是虔诚的上帝的信徒,他们决意消灭不信奉上帝的摩尔人。在上帝的庇佑下,查理曼大帝的军队一路所向披靡,高歌猛进,他留下自己的侄子,十二圣骑士中最英勇的罗兰骑士留守隆塞沃,自己则带兵攻打摩尔人的老巢萨拉戈萨。

但就在这时候,圣骑士之一的加奈隆被魔鬼迷住了心窍,背叛了查理曼大帝,勾结了异教徒,用10万人的军队围困住了罗兰骑士的3万军队。面对几倍于自己的敌人,罗兰骑士毫不畏惧,带领自己的士兵们奋勇杀敌,以几乎全军覆没的巨大代价,消灭了所有的敌人。

然而,更多的敌人在这时卷土重来,而这边只剩下了罗兰骑士和大主教图平。迫于无奈的罗兰骑士只好吹响了他的魔法号角,向查理曼大帝传达大军压境的信号。远在萨拉戈萨前线的查理曼大帝听到号角,立刻率领大军返回救援,但孤身一

罗兰阵亡,15世纪手稿。

人的罗兰骑士已经无力回天，他只能将其他死去的圣骑士移到大主教的身边，让他可以在临死前赦免他们的罪。随后，他自己做了临终告解，发誓效忠上帝，面对着敌人死去。

　　因为这场战争实际上是基督教与异教徒的战争，它后来被载入基督教的正史里，因此，在这场战争中跟随查理曼大帝的十二位骑士，就被大家称为十二圣骑士。实际上，跟随查理曼的骑士并非只有十二位，但因为耶稣有着十二门徒，所以人们也就习惯用十二圣骑士来称呼他们。

　　十二圣骑士的故事，让骑士的称号成为一种无上的荣耀，骑士制度越发鼎盛起来。到了公元 8 世纪的后半叶，欧洲进入了向封建社会过渡的时期，骑士精神更是发扬光大，成为一种荣誉的象征，有教籍的骑士还会因为立下战功而被授予圣骑士的称号。所有见习骑士都会在成为真正的骑士前进入教会获得教籍，而那些被开除教籍的骑士则会终身不得志，甚至死后变成吸血鬼。

　　这些骑士们终身恪守骑士精神，信奉服务精神和尽忠职守，他们谦虚有礼，言语优雅，行为有节，忠心耿耿地侍奉国王，也永远是上帝忠实的仆人。他们铲除邪恶，是一切罪恶的克星，亦是正义与力量的象征。其中，圣骑士是上帝的坚定信徒，相信战斗前的祷告词是获得力量的一种方法。他们生活清苦，在年老后往往会选择苦修来减轻自己的罪孽。

　　可以说，在混乱黑暗的欧洲中世纪，骑士精神实际上代表了一种文明、向上的行为准则，它形成了一种合法有序、尊重法规的文化精神，也深深影响了现代欧洲人的民族性格。

沙龙
（Salon）
——名流的聚会

　　玛德隆小姐和她的堂妹喀豆小姐从家乡来到了繁华的巴黎。到了这个时代潮流的中心，她们顿时觉得自己进入了上流社会，必须跟上这风雅、高贵的风格，除了服装、鞋、帽必须要找上等裁缝做之外，连说话也必须要风雅独特。镜子不能叫作镜子，而是"美之顾问"，椅子不叫椅子，而是"谈话之利器"。不光如此，现在两姐妹觉得自己原本的名字也太过俗气，于是另取了两个风雅的名字，姐姐选了个"波莉克塞纳-马恩省"的名字，妹妹自己取名"阿曼特"。

　　姐姐的父亲为她们介绍了两位年轻的绅士，希望能为她们缔结合适的婚姻，但姐妹俩嫌这两位年轻人没有上流社会的样子：装束不够绅士，谈吐也不够儒雅；他们的裤子没有膝襦，帽子也不插羽毛，领花也不是上等裁缝做的；更重要的是，他们的爱情观太老土了，一点也不懂风情，不知道要给女性跌宕起伏的爱情故事，不懂得甜蜜和热情是感情中必不可少的内容，不知道要给爱情中加入嫉妒、误会这种种调味料，才能让女人念念不忘。

　　姐妹两人毫不掩饰自己的鄙夷，她们公然冷落这两位年轻人，差点没给他们椅子坐，谈话中她们咬耳朵，打呵欠，揉眼睛，总问几点钟，表达着自己不感兴趣。看到她们俩的样子，两个年轻人气愤地离开了。

　　因为姐妹两人的傲慢，两个年轻人决定捉弄一下她们，报复她们的傲慢无礼。两人叫来了自己的仆人，吩咐了一番，如此这般，让他们去逗弄玛德隆姐妹。

　　这天，玛德隆姐妹正在家中，忽然女仆进来报告说，有一位名叫马斯卡里叶的侯爵要来看望两位小姐。听说来的是一位侯爵，姐妹俩大喜过望，立刻在"美之顾问"前精心打扮了一番，命人将侯爵迎了进来。

　　马斯卡里叶侯爵有一张比蜜还甜的嘴，他一进来便夸赞姐妹俩拥有全巴黎女人都不曾有的风情，她们的名誉与声望在全巴黎无人不知，也吸引了自己，令自己不由自主想要追随姐妹俩的脚步。他动人的情话让姐妹如在云端，她们马上拿出"谈话之利器"，邀请马斯卡里叶侯爵坐下。

侯爵按照巴黎风雅社会的礼节,从口袋里取出一把牛角大梳子,慢条斯理地把头发梳一梳,又理一理宽长的镶花边的白颜色的膝裤,这才坐了下来。他告诉玛德隆姐妹,巴黎最有名的才子都围绕在他的身边,他们是文艺界的权威人士,他可以将这些人介绍给玛德隆姐妹,只要与这些才子们来往唱和,玛德隆姐妹就能很快进入巴黎的上流社会,成为人人渴望结交的沙龙女主人。

　　侯爵的话让姐妹俩更是飘飘欲仙,她们夸奖侯爵的装束是如此高贵而有格调,她们热烈地称赞侯爵的才情无双,对他的打油诗也赞不绝口。

　　这时,侯爵又向姐妹俩引荐了他的朋友姚得赖子爵,姐妹两人为两位出色的年轻人举办了舞会,邀请了许多的女性朋友参加。

　　就在主人和客人都跳得非常开心的时候,姐姐的父亲曾给她们介绍的那两个年轻人走了进来,他们指着侯爵和子爵说,他们两人其实是自己的仆人,拿了自己的衣服来冒充贵族。他们命人剥掉了两人的华服,然后嘲笑玛德隆姐妹说,如果她们爱的是他们的仆人的话,那就算没有昂贵的衣饰和贵族的头衔,她们也应该继续和他们恋爱才对。姐妹俩这才知道自己上了当,羞愧难当,垂头丧气地退下了。

　　这是莫里哀创作的第一部喜剧《可笑的女才子》,这部喜剧辛辣地讽刺了当时西方上流社会贵族沙龙中流行的那种咬文嚼字、故作风雅的习气。当时的法国贵族沙龙,已经不再是最初那种充满灵感和智慧的聊天场合,不再是大家分享知识、

十九世纪中期的一个俄罗斯沙龙。

碰撞观念的艺术孵化器,而演变成了矫揉造作、一味展现贵族奢华生活的场合。正是因为看到了这样的现象,莫里哀才创作出了这个故事。

沙龙一词原指较大的客厅。十七世纪,法国巴黎的德·朗布依埃侯爵夫人因为厌倦了宫廷交际,便开始在自己家里举办聚会,邀请宾客前来谈论各种感兴趣的话题。他们在这里谈论音乐、戏剧、诗歌,从政治、时尚到文艺,话题广阔,人们各抒己见,自由表达着自己的观点。

因为这些活动多半在客厅中举行,所以沙龙也就演变成贵妇人在客厅接待名流或学者的聚会。到了后来,凡是这种知识分子聚在一起,谈论某一话题的聚会,都被称为沙龙。

圆桌会议
（Round-Table Conference）
——平等对话

亚瑟王。

大不列颠的尤瑟国王过世了，但是他没有留下继承人，许多的领主和骑士开始争夺起王位来，他们互不相让，导致国内战争连连，一片混乱。

然而，就在圣诞节那天，当所有人都进到大教堂的时候，奇迹出现了。忽然之间，一道令人睁不开眼睛的光芒射下来，当光芒退去，人们能看清的时候，院子里已经出现了一块白色的巨石。没有人知道那块石头是怎么来的，它就矗立在那个一秒钟之前还空无一物的位置上，一把闪亮的剑插在石头上。石头上还刻有这几个字：能拔出这把石中剑的人，就是真正的英国国王。

那些想要成为国王的人都骚动了，他们争先恐后地冲上来，想要拔出这把剑。但剑仿佛和石头生在了一起，纹丝不动。于是，人们决定举办一场比武竞技，所有想当国王的人都可以去拔石中剑。

在伦敦郊外艾克特爵士的城堡中，他的儿子凯伊和养子亚瑟得知了这个消息，决定结伴前去，参加比武竞技。

在伦敦的大教堂中，想要拔出石中剑的骑士和领主们依次走到大石头前，用尽全身力气想要拔出那把剑，却没有一个人能够成功。凯伊也上前去，试图拔出那把剑，但和其他人一样，他也没办法令宝剑移动分毫。凯伊退了下来，并鼓励亚瑟也上前去试试。亚瑟鼓起勇气走上前去，他握住剑柄，深呼吸了一下，然后，宝剑很轻松地就被他拔了出来。

这时所有人都安静了，突然有人喊："那个男孩不能当国王！这一定是个骗局。他根本连骑士的身份都没有！"

亚瑟站在原地,不知道该做些什么。就在这时,一片明亮的金色光雾笼罩了教堂的院子,一位奇异的老人出现了。他是梅林!人们立刻认出了这位大不列颠最厉害的魔术师。梅林对着大家开口了:"我能知道过去,也能预知未来。现在,我有个奇特的故事要告诉大家。尤瑟王在去世之前,其实有一个孩子,他为儿子取名为亚瑟。因为国王的仇敌想要杀害他的儿子,于是我将襁褓中的王子藏了起来。现在,他的时代来临了。你们面前的这个孩子将要继承王位,成为英国历史上最伟大的国王——亚瑟王!"

四周一片沉静,随后,震天的欢呼声充满了教堂院子的每个角落。"国王!我们找到我们的国王了!"不列颠最富有传奇色彩的伟大国王出现了。

亚瑟继承了父亲的王位,他平息了英国国内的动乱,打击邪恶,为大家带来了和平。他扶贫济弱,建立起了一个繁盛的王国,成为人人爱戴的亚瑟王。

这天是亚瑟王的大喜之日,他将与世界上最美丽的女子桂妮维亚成亲。魔法师梅林在城堡中迎来了亚瑟王,他领着国王和他勇敢的骑士们来到大厅,然后对他们说:"这真是欢乐喜庆的一天!它将是我国最光辉灿烂历史的起点。"说完,他举起手来,随着他的动作,大厅中出现了一张巨大的圆桌,圆桌四周围绕着许许多多的椅子,足足有一百五十张之多。

梅林的声音在空中飘荡。"我们正处在一个创造历史的时刻。这张圆桌上将坐满世界上最英勇的骑士们。而且他们之间要以兄弟之情彼此相待。他们将遍游世界,并为正义与公理而战。有许多骑士将因此而牺牲性命,但是圆桌武士的声誉将会一直流传下去,直到永远。"

这时,亚瑟也站了起来。"我尊贵的武士们,让我们在此一起立誓。我们只为正义与公理而战,绝不为财富,也绝不为自私的理由而战。我们要帮助所有需要帮助的人,我们也要互相支持。我们要以温柔对待软弱的人,但要严惩邪恶之徒。"

"我们谨遵誓言!"众骑士们异口同声说道。

梅林又说道:"你们的座位如下。"话音刚落,椅子上浮现出了各个骑士的名字,每个字都是用黄金镶上去的。他们是凯伊爵士、艾克特爵士、高文爵士,以及其他许多优秀的英雄们。

从这一天起,圆桌武士的名声传遍各地。他们骑着马走遍天下,帮助贫穷孤苦、软弱困乏的人。不论处在何方,只要发现邪恶势力,他们必追击到底。而更多英勇的人们从不同的地方赶来,希望加入圆桌武士的行列。

从此之后,亚瑟王和他的骑士们在战场上冲锋陷阵,也在圆桌上讨论国内的事务。在这张桌子上坐着,就没有了国王和骑士的区别,每个人都可以自由发表自己

《梅林中计》由英国画家伯尔尼·琼斯于 1874 年所绘的油画。
画中描述了梅林一厢情愿地爱上了高傲的妮妙,但妮妙对他备
感厌恶。因梅林受到了妮妙的引诱,不慎透露出了魔法林囚人
的咒语,结果被妮妙永远地囚禁在了森林之中。

的意见,不论他的地位是高是低。这里没有地位差异和君臣之别,就算政见相左,
也不会因此而遭到迫害。

从亚瑟王开始,这种在圆桌上开会的形式被流传了下来,成为国际会议以及某
些国内会议中约定俗成的习惯,体现了各国平等原则和协商精神。

圆桌,代表着平等和团结。围绕着圆桌,就不会再分主席和随从的位置,没有
席次争执,各方平等,就可以平等地对话和协商。"圆桌会议"已成为平等交流、意
见开放的代名词。